MAM ɪYO SIIN

MAM IYO SIIN

qisada jacayl ay iniintiisu dhulka
ku biqlisay, cirkana ku bislaatay

Qoray
DR. SHEEKH
MAXAMED SICIID
RAMADAAN AL-BUUDI

Tarjumay
MAXAMMED GAANNI

LOOH
PRESS
1446/2024

LOOH PRESS LTD.

Copyright Maxammed Gaanni 2024
Dhowran Maxammed Gaanni 2024
First Edition, First Print July 2024
Soo Saariddii Kowaad, Daabacaaddii Kowaad Yuulyo, 2024

Looh Press Ltd.
56 Lethbridge Close
Leicester, LE1 2EB
England. UK
www.LoohPress.com
LoohPress@gmail.com

| Naqshadaynta (Typesetting) | Kusmin (Looh Press) |
| Galka (Cover) | Maxamed C. Cartan (Looh Press) |

Cinwaankan wuxuu ka diiwan geshanyahay Maktabada Birittan
A catalogue record of this title is available from the British Library.

ISBN: 979-8-9897328-4-5 | Gal khafiif (Paperback)

Waxaan ku bilaabayaa magaca
Allaha naxariista badan, uumiyaha oo
dhan ku gallada inta dunida guudkeeda la joogo, adoommadiisa
suubbanna aakhiro ku gooni yeela.

TUSMO

ა

HIBAYN

*W*axaan turjumaaddaan u hibaynayaa:

mucaashaqii weynaa ee xaqiiqada jacaylkeeda,
sheegiddeeda, iyo ku dhegganaanteeda u shahiiday,
Sheekh Buudi,

ardaydii la la gelbiyay ee u yimid masjidka al-Iimaan si
ay u bartaan tafsiirka qur'aanka,

iyo

cid walba oo xaqa aawadii nafteeda, hantideeda,
qosykeeda, qalinkeeda, iyo waqtigeeda ba u hurta.

 G3

HIBAYNTA SHEEKH BUUDDI

*Q*albi kasta oo calaf looga dhigay in uu:
Kabbado jacayl xinjiro ah,
in uusan macaankiisa dhadhamin,
in uu ku gubto dabkiisa,
marnana uusan mirihiisa goosan,
ayaan u soo gudbinayaa qisadaan,
laga yaabee in uu ka helo tacsi iyo sabirsiin qaboojisa.

Sheekh Buudi

ℭℬ

MAHADCELIN

*W*axaa mahad oo dhan leh Ilaahaygii na uumay, dareenka na gu beeray, qalinka iyo illintana ka dhigay waxa ugu mudan ee aannu ku nafisno. Nabad iyo Naxariis muggeeda iyo miisaankeeda lehna ha ku sooro macallinkii aftahamada iyo murtida weeraha kooban sayidkeennii Muxammad ahaa.

Waxaan intaa ka dibna ugu horrayn ugu mahadnaqayaa Muxammad Yuusuf oo kalkii hore ku sooray in sheekada la gu baahiyo boggiisa waxbarasho ee www.garanuug.com. Waxaan ku sidkayaa Cabdiwahaab Saqa oo kalkii hore ee sheekadaan tifaftiray, karaankiisa oo dhanna isu gu geeyay in ay ka fogaato turjumaad oo ay u ekaato buug xerudhalad ah. Waxa keliya ee haatan keenay in aan dib u tifaftirayna ma aha masuugid e, waa keliya in aan u arkay in ay waajib tahay in aan waariyo erayadii sheekh Buudi iyo Khaani isaga dambeeyeen oo afsoomaali la gu fasiray, ahmiyad gaar ahna aanan siin sidii aan u khafiifin lahaa kakanaanta turjumaad walba aan la ga wada dhammayn karin. Waxaan asna u mahadnaqayaa Faarax Cali Yuusuf oo asna kalkii hore tifaftirka qaybo ka badan ka qaatay, kalkaan dambana kaalin mug leh ka gaystay. Waxaan sidoo kale u mahadcelinayaa Maxamuud Sayid iyo Axmed-nuur Marayare oo ayaguna kalkaan dambe dib u eegay, in uunna barbardhigay turjumaaddi hore, qaladaad fara badan sixiddoodana ka qaybqaatay.

Waxaan kale oo u mahanaqayaa Maxammed Cabdullaahi Cartan oo buugga naqshadayntiisa iyo qurxintiisaba leh.

Waxaanan marna illaawayn, weligayna maankayga ku jira waa akhristaha soomaaliyeed ee waqtigiisa iyo shilinkiisaba u hura akhrinta buug afkiisa hooyo ku qoran oo uu ka baadigoobaya aqoon garaadkiisa korisa ama erayo ruuxdiisa quudiya oo uu ilaa xad u arko in ay ka deeqi karaan qaar ka ga maqnaa af qalaad oo uusan aqoon. Waxaan idin leeyahay, dhammaantiin, waxaad tihiin shidaalka qalinkayga iyo cariyaha caqligayga e, mahadsanidiin, abidkiinna guulaysta.

ℭℨ

HORDHAC

Mar baa jirta aad weydid eray iyo weedh aad ku cabbirtid qiso dhacday, hawl aad ogayd, arrin aad la socotay, wax aad aragtay, dareen ku xulay, shaqo aad qabatay, ama buug aad akhriday. Haa, mar baad waydaa eray u qalma heerka guusha ama khasaaraha, farxadda ama murugada, dhibta ama dheefta iyo wax uun ay markaa naftaadu u aragto in macnihiisu uu ka sarreeyo erayada aad heli kartid iyo weeraha aad ku sifayn karaysid. Waxa kale ma aha e, waxaa ay keliya muujinaysaa tabardarrida erayada iyo taag badnida ruuxda aadanaha. Ruuxda uu Ilaahay ku afuufay aadan ka dib markii uu dhoobo ka abuuray, noqotayna bilowga imtixaanka ugu adag aadanaha. Imtixaanka ku duugan 'baahida dhoobada dhulka la ga xantoobiyay iyo ruuxda cirka uga timid ee la gu galladay'. Imtixaan ujeeddadiisu tahay in ay halgamaan ruuxdaa kor u hayaamaysa iyo dhoobadaa hoos u hoobanaysa. Waxaa ka dhex beermay baahi jireed iyo mid ruuxeed oo leh dareenno isku mid ah balse ka la macne iyo ujeed ah. Jirku waxa uu hamuun u qabaa wax uu liqo, wax uu xirto, wax uu taabto iyo jir uu kulka jirkiisa ku damiyo, halka ay ruuxduna doonayso wax ka maqan oo ay weligeedba u hanqal taagayso, ruuxdeeda ka la dhantaalanna dhammays ka dhigi kara. Asalkeedii iyo wixii asalkeeda xaggeeda u sii kaxeeya ayaa ay hamuun u qabtaa. Waxay raadisaa macne ka shisheeya hamuunta jirka oo dharagta uu

1

jirku rabo dharag ka duwan ayaa ay doontaa. Halka uu jirku ka doonayo jir uu kulka jirkiisa ku damiyo, waxa ay ruuxdu goobtaa ruux ay ruuxdeeda ku quudiso oo hayaanka cirka ku la mataanawda. Sidaa iyo siyaale kale ayaa ay mar walba magacyada baahiyahooda isu barbar socdaan, macnayaashooduna ay liddi isu gu yihiin. Baahiyahaa isu eg ee haddana lidka isku ah ayaa uu halganku ka curtaa, dagaalkooduna uu weligi ka aloosnaadaa. Dagaalkaasi waxa uu sida dhabta ah qofka ku dhaliyaa dareenno cartamaya oo had iyo jeeraale caqligiisa iyo qalbigiisaba ka dhex guuxaya, nafta iyo ruuxduna ay la ka la saftaan.

Marka si guud loo qiimeeyo waxa ruuxda quudiya ama qadiya, dareenka dharjiya ama gaajo ku rida, dhiigga kiciya ama dejiya, qalbiga qafaasha ama isu dhiiba, waxa ugu mudan ee ugu mug iyo macne weyn waa caashaqa. Waa caashaqa ay qaarkood dhahaan waa magaca loo bixiyo jacaylka aan xiriir ku guulaysan, qaarna ay dhahaan waa jacayl gaammuray oo aan dan ka lahayn xiriir iyo goyn oo labadaba ku tanaada oo ku sii barbaara, qaar kale na ay dhahaan jacayl iyo caashaqba waa uun laba magac oo ka turjumaya dareen isku mid ah laakiin se ka la heer ah. Waa caashaqa boqollaal jaad ku yimaada, sida loo la falgalana ay dhaliso in uu noqon mid dhuleed ama mid cir, qofkiisana bada in uu adduunka ku khasaaro, ku waasho, ama uu dhinto ama in uu dunida walxaha iyo kulka jirka dhaafo oo uu guul iyo guuldarraba u duuliyo xaggaa iyo cirkii ay ruuxdu ka soo hayaantay.

Waxaa jirta in ay aadanuhu si gaar ah u dhiteeyaan jacayl degaan uun si uun caan uga noqday, inta badan ama giddigoodna la oran karo waxaa ay ka sinnaayeen guuldarrada dhalisay in uu soo ifbaxo oo uu qarsoonida qalbiga iyo sirta nafta inta uu ka fakado carrabbada dadka iyo erayadooda ka dhigta dabayshii dunida oo dhan gaarsiin lahayd. La yaab ma leh oo aadanuhu dareen ahaan waa xuub jilicsan oo si fudud ku dillaaca, waxaa se ugu liibaan iyo farxad badan kan marka uu xuubkiisaasi dillaaco uga faa'idaysta sidii uu ugu hayaami lahaa cirka. Cidna la ma oran caashaqa iska ilaali, loo ma na diidin in uu dareennadiisa dharjiyo e, waxa keliya ee ku duugan caashaqa waa in uu yahay imtixaanka ruuxda iyo jirka, qof walbana ay tahay in marka uu caashaqa dhadhamiyo uu iska dhawro u hoobashada caashaq beenaadka jirka, beddelkeedana uu u dhoofo xaggaa iyo cirka. Taa ayaa caashaqa ka dhigta caashaq macaan badan, laakiin se dhammaan sheekooyinka caashaqu marka ay guuldarraystaan ee ay kashifmaan waa ay waaraan haddii ay gaarsiisnaayeen heer uu xanuunkoodu u qalmo in uu ku safro sadcaalka waayaha iyo giraanta dunidaan ay jiilba jiil ka dhaxlayaan. Qisadeennaanina waa uun mid ka mid ah caashaqyadii dunida ugu xanuun badnaa ee ay waayuhuna sida ay u caddibeen si la mid ah ay ugu sooreen safarka waayaha iyo sabirsiinta qalbiyo kale oo qawladahooda ku dhiigbaxaya.

Sida uu leeyahay sheekh Axmed Yasawi, jacaylka ma aha walax iyo jir la jeclaadee, waa jacaylka xaqa iyo xaqiiqada, waxa kalana waa suurad ku baraysa jacaylka dhabta ah, jidkiisana ku gu duwaysa haddii aad sirta fahamtid 'qofkii caashaqa aqoonsada, naftiisa wuu halmaamaa, mar haddii uu gacaliyihiisa la joogana, wax dhiba uma uu arko haddii unuunka laga jaro,

Quudka jirkiisu waa inuu hadalka gacaliyihiisa dhadhamiyo, raashinka iyo rootigu sida ay u dhadhamaanna ma uu yaqaan,

Wuu socdaa kamana uu joogsado xuska Eebbe 'Gacaliyihiisu waa Alle; Allaha xabiibkaa mooyee Eebbe kale ma uu jiro`.

"Ha noqon saahid, hana noqon caabid e, waxaad noqotaa caashiq, oofi oo ka run sheeg tubta caashqiisa ee dhibta badan (adduunyadu waxay qofka xaqa jecel u tahay qashinqub uusan kaga badbaadi karin wax aan jacaylka Eebbe ahayn).

"murug iyo shallayto ma haleelaan qofkii naftiisa u hura dariiqa xaqaa" illeen geeridu maaha dhammaad e, waa bilowga farxadda lagu waari doono

Ama waa sida uu leeyahay Jalaaluddiin al-Ruumiye 'Qalbiga mucaaashaqu ma xasilo illaa uu gacaliyihiisa u sheegto. Markii uu nuurka caashaqu qalbiga iftiimiyo, waxay ka dhigan tahay inuu jiro dareen jacayl oo qalbiga kale ku tallaalan.

Qofkaan cishqiga ku dhiman, waa bakhti.

Naftaada raqiis ha ka dhigin, Xaqa agtiisa aad baad ugu qiime badan tahay e. Naftaada ku rid webiga caashaqa, xataa haddii uu yahay webi dhiig ah. Waa la arkaa in jid uu ku dhammaado hal guri, laakiin maaha jidka caashaqa. Caashaqu waa webi. Ka soo cab.

Aadanayahaw dhawrsanaya ee ku wareersan dunidaan, maxaad hal mucaashaq dartii sidaa oo dhan ugu wareeraysaan? Waxa aad dunidaan ka dhex goobaysaan, waxaad ka daydaan gudihiinna; idinku wax aan mucaashaqaas ahaynba ma idinkaa ah!

Mucaashaqu ma yaqaanno quusashada, qalbi caashaq ku dhacayna wax walba waa ka suurtoobaan.

Qofkaan u roorin fidnada caashaqa, wuxuu ku socdaa jid aanay wax nooli joogin. Sidaa inaan u dhinto ayaan jeclahay... inaan u dhinto jacaylka aan kuu hayo... sida daruur gobolkeed ay qorraxda ugu dhalaasho.

Waxaan iri: xiriirkaaga ayaan u baahanahay. Wuxuu yiri: waad og tahay in qiimaha xiriirkaygu uu yahay ruuxdaada. Qalbiga ayaa iigu dhawaaqay: iibkaas waa lagu faa`iiday.

Qof walba khasab maaha in la jeclaado, waayo? Gacaliyuhu wuxuu u baahan yahay inuu leeyahay tilmaamo iyo waxyaalo uu dadka dheer yahay oo aan cid walba la siinnin, laakiin se qof walba wuxuu xaq u leeyahay inuu helo nasiibka uu jacaylka ku leeyahay oo uu ku baashaalo. Haddaba, akhristayahaw haddii aadan calaf u helin in lagu caashaqo, yaysan-gacaliyoow, ku seegin inaad jacayl qaaddid. Haddii uu nasiibkaagu noqon waayo in aad Yuusuf noqotid, maxaa kuu diidaya inaad Yacquub noqotid? Maxaa se kuu diidaya inaad noqotid mucaashaq dhab ah oo uu hilowgiisu joogto yahay?!

Waxaa wax sagootiya kuwa indhaha uun wax ka caashaqa, qofkii se qalbigiisa iyo ruuxdiisa wax ku jeclaada weligiiba ma kala tagaan gacaliyihiisa.

Jacaylka quruxda jirka mooyee aan wax kale dan ka lahayn, maaha mid dhab ah.

Dabku markuu holac noqdo, qiic ma yeesho.

Shaqadaadu waa inaadan caashaqa daba roorine, waa inaad ku dedaashid sidaad u heli lahayd dhammaan teedadka kaaga gudban ee aad u dhisatay sidaad isaga ilaalin lahayd.

Ogoow in uu caashaqu si buuxda u aammusan yahay oo aanay jirin erayo iyo weero lagu sifayn karo.

Jacaylkaa la`aantii ha jirin.

Buuggaan oo aan markii labaad dib u turjumay waxa uu inoo sidaa laba sheeko, laba jacayl, amaba afar. Laba barbaar oo dhinac ah, laba barbaar oo dhinac kale ah, laba walaal oo dhan ah iyo laba saaxiib oo dhan kale ah. Macaan iyo kharaar, kul iyo qabow, guul iyo guuldarro, raf iyo raaxo, silic iyo sareedo, iyo dareenno badan ayaa uu inoo sidaa, waxaana la gu xardhay erayo amakaag iyo ashqaraar leh oo ay isa ga dambeeyeen laba sheekh, laba suufi, laba suugaanyahan, laba daaci, laba qoraa, laba fiqi oo labaduba Kurdi ahaa. Waxaa markii hore i waday jacaylka afkeenna iyo hayaanka tanaadintiisa iyo macaanka sheekadaan sida ay ugu qalanto in ay dhitadiisa ka mid noqoto. Markaa hore waxaan horjeed ku mamman sheekadaan, markaan dambana waxaan islahaa ha kuu noqoto naqdiin afkeennana mar kale dhitadiisa sii kordhisa. Haddii ay tii hore tan ka macaan tahay waan ka cudurdaaranayaa, daliilna waxay iigu noqonaysaa in jacaylkii iyo mammaantii hore ay iga dhinteen, ruuxdayduna ay sii faaruqgaraacaysa. Haddii ay tani tii hore kaa la heer sarraysana, waxaan ku faraxsanahay in aanay ruuxdaydu wada hooban, sidii hore ka badanna aan sheekadaan ugu mammanahay, afkeennana aan weli ilmihiisii ahay. Si walba iyo qaab ay ku la noqotaba, akhristaha iyo afkeenna uun baa mar walba maankayga ku jiray, in aan luggooyana waan ka reebbanaa e, dedaal aadane baa intaa ku dhan.

Maxammed Gaanni
Jannaayo 18, 2024

☙

SOOYAAL KOOBAN

*1*929M-1347H ayuu ku dhashay tuulo ku taalla jiinka wabiga
Dajlah, bar kulanka xuduudaha Ciraaq, Suuriya iyo Turkiga, Jilliika
ayaa la yiraahdaa, waxaa ayna hoostagtaa jasiiradda ibnu Cumar ee
Loo yaqaan: Buudaan, waana halka uu ka kasbaday naynaasta
Al-Buudi. Magiciisu waa Muxammad, sidoo kalana Siciid waa
magac uu asagu leeyahay.

Aabbihi waa Sheekh Mullaa Ramadaan, Eebbe ha u naxariisto e,
waxa uu kasoo haajiray Jilliika, kadib markii Ataaturki bilaabay
gumeynta Diinta Islaamka iyo Muslimiinta.

Aabbihiis waxa uu ahaa, caalim weyn, diinta iyo cilmiguna
agtiisa qiime weyn ku lahaa, inankiisa Muxammadna waxa uu
yaraantiiba geeyay iskuul gugsiga hoose ah, kuna yiil Dimishiq, intaa
ugama harin e, waxa uu guriga ku siin jiray duruus badan, cilmiga
iyo aaladihiisaba waa uu baray, asaasiyaadka oo dhanna waa uu ka
dhisay.

Ka dib markii uu dhammeeyay dugsiga hoose ayaa Mullaa
Ramadan (R.N) uu ku daray Jaamica Manjik ee uu dadka wax ku bari
jiray caalimkii weynaa ee reer Suuriya, Sheekh Xasan Xabannikah
Al-Maydaaniyi. Asaga oo ka warramaya maalinkii aabbihi halkaa
geeyay ayuu yiri "Maalin ayaa aabbe ii yimid, ka hor inta uusan igu
darin machadka Al-Tawjiih Al-Islaami, aniga oo noqday ardaygii ugu

7

yaraa ee la geeyo. Aabbe asaga oo ii tilmaamaya himilada uu iga qabo iyo halka uu ila rabo, ayuu igu yiri: Wiilkaygoow, waxaad ogaataa, haddii aan ogahay in dariiqa ku gaarsiinaya Ilaahay raalli ahaantiisa uu yahay jidka oo la xaaqo, waxaan kaa dhigi lahaa qashin qaade, balse markaan fakaray ka dib, waxaan hubsaday in: dariiqa Ilaahay raalli galintiisa ku geynaya uu yahay in aad Ilaahay iyo diintiisa baratid; sidaa darted, waxaan go'aansaday in aan jidkaas ku mariyo. Ka dib waxa uu igu adkeeyay oo uu in badan ku celceliyay in yoolkayga cilmi barashadu uusan noqon in aan shaqo ama shahaado ku helo".

Intii uu ku jiray madarasadaas, ayuu jeclaaday daraasynta Suugaanta carabiga, asaga oo isla waayahaasba bilaabay in uu wax ka qoro. 1952 ayay ahayd markii uu bilaabay in uu wax ku qoro jariidad ka soo bixi jirtay dalkaas oo la oran jiray "Majallah Al-Tamaddun Al-Islaamiyi", waxaa uu na qoray maqaal la oran jira "Amaamah Al-Mir'aah" (Muraayadda horteeda), waxaa uu na sii waday ku qorista maqaallo suugaan ah. Balse dhabtu waxaa ay tahay in shaqadiisa suugaaneed ee ugu weyni ahayd tarjumidda buug kurdi ah, oo uu carabi ka dhigay, oo ah kan aynu hadda gacantu ku hayno ee Mam[1] iyo Siin. Waa buug cajiib ah, qisadiisu tahay jaceylka dhawrsoon, caadifad asturan oo qurxoon iyo oofin caashaq oo dhab ah. Waa mid ka mid ah buugta naadirka ah ee sheekooyinka jaceylka ay dhawrsooni iyo qurux u dhan tahay lagu xardhay.

6 sano ayay ugu ekayd 1953-dii oo uu ka qalinjebiyay macadkii Al-Tawjiih, oo xilligaas noqday macad akadeemi ah, oo diinta lagu barto. 1954 ayuu u baqoolay magaalada Qaahira, si uu usoo dhammeystirto heerarka tacliintiisa, asaga oo ku maqnaa Hal sano. Balse majallad la dhihi jiray Al-Ayaam, oo ka soo bixi jirtay Suuriya, ayuu muddadaas ku qori jiray maqaallo suugaan ah, oo ay ciwaan ay u ahayd "Min Asbuuc ilaa Asbuuc" .

1955 ayuu dib ugu soo noqday Suuriya, isaga oo wata shahaadada

---

1 Sida uu ii sheegay walaal Seyf Yuusuf oo kurdi ah, waxaa magaca Mamuu aan awal ku turjunnay uu ku saxan yahay Mam oo sida la sheego ah Maxammed oo la soo gaabiyay.

Ijaazada Culuumta Sharciga ah, ee kulliyadda Shareecada Al-Azhar. 1956 Ayuu Dibloom Barbaarinta ah ka qaatay Kulliyada luqadaha ee Al-Azhar.

1958 Ayuu macallin maaddada Tarbiyada dhiga ka noqday Magaalada Xumus, Suuriya.

Kulliyadda Shareecada ee Jaamicadda Dimishiq ayuu ka noqday macallin ku-celiye ah, dabeetana Jaamicadda ayaa u dirtay Qaahira, si uu uga soo qaato shahaadada sare ee phD, asaga oo ku diyaariyay buugga la yiraahdo "Dawaabid Al-Maslaxah Fil-Shariicah Al-Isaamiyah) "Dabarrada ay shareecadu u dhigtay Masaalixda", waxa uu ku guulaystay Darajo sharafeedka ugu sarreya iyo oggolaanshaha in buugga la daabaco oo la faafiyo, sannadkii 1964.

1965-tii Waxa uu macallin ka noqday jaamicadda Dimishiq, Ka dibna caawiye Bare-Sare, ka dibna waxa uu noqday Bare-Sare.

1975 waxa uu wakiil u noqday kulliyadda shareecada, 1977 waxa uu noqday dhiinka kulliyadda, Deetana waxa uu madax ka noqday qaybta caqiidooyinka iyo diimaha ee jaamicadda Dimishiq.

1981-dii wixii ka horreeyay waxa uu ku koobnaa duruusta akadeemigga ah iyo laba dersi oo asbuucle ah oo uu ka bixin jiray masjidka Al-Sanjiqdaar ee Dimishiq, duruustaas waxaa ay dhallintu uga iman jirtay Dimishiq iyo hareeraheeda, ka dibna ciriirga dartii ayaa loo wareejiyay Masjidka Tankiz, deetana Masjidka weyn Al-Iimaan. Balse wixii xilligaas ka bilaabmay illaa geeridiisa waxa uu lahaa duruus uu si caam ah u bixin jiray. Badi duruustii taxanaha ahayd ee uu masaajidka Al-Iimaan ka bixin jirayna, waa kuwo la duubay, oo laga heli karo http://www.naseemalsham.com/ar/home.php iyo Youtube.com.

Si lamid ah mawqifkii uu ka qaatay dagaalladii fitnada ahaa ee dalka Jazaa'ir ayuu dagaalka Suuriya uga qaatay mawqfi ah in waxaani fitno yihiin, ay tahayna in laga dheeraado, jihaad iyo wax u dhaw toonnana aanay ahayn. Berigii Jazaa'ir ayuu qoray kitaabkiisa caanka ah ee "Al-Jihaad fil islaam", waxaa uu na culimo badan kaga mutay dhaliilo iyo geedafayn, waxaa ayna soo saareen bayaan ay ku dhaleecay-nayaan, balse saddex sano ka dib ayay culimaddii bayaankaas soo saartay waxaa ay qaateen mawqif la mid ah kii uu ka qaatay dagaalkaas.

Fitnada Suuriya, waxa uu ku mutay wax ka sheeg badan intii uu noolaa iyo ka dib geeridiisa, waa gar oo saman fitno ayaa lagu jiraa, ka shaqsi ahaanna waxaan la socday dalkaas, dhibtiisa iyo mawqifkii sheekha intaba, waxaana ka dheehday duruustiisa iyo khudbadihiisaba wacyi iyo ku baraarug fitnada dalkaas lala maagay oo uu lahaa, nacaybka uu u qabay daadinta dhiigga, baraarujin ku socota dawladda iyo mucaaridka iyo hadallo murtiyaysan oo caqli celin ah.

Golayaal uu ka tirsanaa iyo Shirar uu ka qeyb galay:

- Waxa uu ka qeyb galay shirar badan oo carbeed iyo kuwa caalami ah, waxaana ugu caansanaa "Kulammaddii Fikriga Islaamiga ah" ee dalka Jazaa'ir lagu qaban jiray sannadihii 1968 illaa 1990.
- Waxa uu muxaadarooyin ka jeediyay dawlado badan oo carbeed iyo kuwo reer galbeed, waxaana ugu caansanaa muxaadaradii ka hadlaysay "Xuquuqda dadka laga tirada badan yahay ay ku leeyihiin Islaamka" ee uu ka jeediyay baarlamaanka Midawga Yurub hortooda, 1991.
- Majmaca Fiqiga Islaamka ayuu la taliye ahaan ula shaqeeyay.
- Hay'adda xisaabtanka iyo dabagalka ee mu'assasadaha maaliyadeed ee islaamiga ah ayuu ka noqday xubin.
- Jamciyadda nuurka islaamka ee galbeedka Fransiiska ayuu xubin ka noqday.
- Mu'assasadda Daabah ayuu ka noqday xubin.
- Waxa uu ahaa kormeeraha guud ee masjidka Jaamic Al-Umawi ee Dimishiq.
- Waxaa loo magacaabay xubin ka tirsan golaha sare ee akadeemiyadda Oxford.
- Waxa uu xubin ka noqday majmaca boqortooyada ee cilmi barista ku aaddan ee xadaaradda islaamka ee Cummaan.
- Waxaa la siiyay abaalmarinno caalami ah oo ay kamid tahay "Abaalmarinta Dubai, ee shaqsiga Sannadka 2004".
- 2012, waxa uu markaska boqortooyada islaamiga ah ee diraasaadka istaraatijiyadda ah ee Urdun (Jordan), uu u doortay martabada 27-aad ee 500 ee shaqsi ee dunida ugu saamaynta badan sannadkaas.

Barnaamijtiisa Idaacadaha iyo Tv-yada:

Waxa uu lahaa duruus laga baahin jiray idaacadda Dimishiq iyo tv-yo intaba, waxaana ka mid ahaa:

- Maca Al-Buudi Fii Qadaayaa Al-Saacah, 13-xalaqo, barnaamij Tv, oo geeridu haleeshay, 3-saacadood kadib, markii la duubay xalqada u dambaysay.
- Maca Al-Buudi Fii Xayaatihii Wa-Fikrihi, 29-Xalaqo, Barnaamij TV.
- Al-Jadiid Fii Icjaaz Al-Qura'aan.
- Al-Islaam fii Miizaan Al-Cilmi.
- Mashaahid wacibar min al-Qur'aan Wal-Sunnah.
- Diraasaat Qur'aaniyah.. 25-Sano ayuu barnaamijkaan baahinyay.

Buugtii uu qoray:

Waxa uu qoray buug badan oo la sheego in ay kor u dhaafayaan 60, dhammaantoodna waxaa ay ahaayeen kuwo uu ku daafacay diinta Islaamka, si adag uu ugu la dooday reer galbeedka, uu daaha kaga qaaday baadil tiro badan. Waxaa ay u badnaayeen Caqiido iyo Falsafo, balse Fiqiga, Siirada, hagaajinta nafta iyo difaacista axaadiistuba kama aanay marnayn.

Tilmaan kooban:

Dhammaan dadkii yaqaannay, kuwii jeclaa, kuwii necbaa, kuwii taageeray iyo kuwii ka soo horjeedayba-marka laga tago masalooyinka la'isku khilaafay, waxaa ay wada qirsanaayeen in uu ahaa: addoon cilmi badan, saahid ah oo aan aduunka maal ka kasban, gaari xarrago iyo guri qurxoon aan ka samaysan, cibaado badan oo Alle ka cabsi leh.

Waxa uu can ku ahaa dhiirrigelinta xuska Ilaahay, waxaa uu na in badan wadaaddada ku dhaliili jiray ku koobnaanta cilmiga ee wardi la'aanta ah. Waxaa lagu arki jiray oohin, Alle bari iyo khushuuc joogto u ahayd. Halka qoyskiisuna tilmaameen in ay lahaayeen wardi shaqsi ah iyo mid wadajir ah weligood.

Waxa uu ku guursaday 18-jir, waxaa uu na dhalay 6 wiil iyo 1 gabar. Balse mar ayuu xaas kale guursaday sheekhu, nasiib-darro se, way dhimatay, waxaana jiray maqaal cajiib ah oo uu ka qoray jaceylkii uu u qabay, maqaalkaas oo ku dhex xusan buuggiisa "Min Al-Fikri Wal- Qalbi" ciwaankeeduna yahay "Zawjatii Amiirah", bilo kadibna xaas kale ayuu guursaday.

Sheekhu waxa uu si aftahamo badan ugu hadli jiray Carabiga iyo Kurdiga, halka uu af Turkigana si wacan u yaqaannay, waxaana barashadiisa u sahlay aabbihi oo guursaday gabar Turki ah markii ay hooyadi dhimatay, asaga oo jira 13-Sano. Afka ingiriiiskana waxbaa uga bilownaa.

Dacwada Islaamka iyo barashada diinka Ilaahay, waxa uu ka qaatay kaalin mug iyo miisaan leh oo aan marna la dafiri Karin. Ayna u qireen culimada iyo waxgalkuba.

Maalin Khamiis ah oo habeenkii Jimce soo galayo, 21-kii Maarso, 2013m/ 6-dii Jamaadil-uulaa, 1434m ayaa asaga oo Masjidka Al-Iimaan ku aqrinaya Tafsiirka Quraanka, Suuradda Aala-Cimraan, waxaa isku qarxiyay naftii-halakeeye arxan daran oo galaaftay nolosha 84-jir cilmi iyo nuur ku gaboobay iyo ku dhawaad 50-Arday, halka ay dhaawacmeen 80 iyo dhawr qof. Waxaa ay ahayd khaatimo wanaagsan oo ay shuhadadaasi heleen iyo eel iyo utun ummadda Islaamka taariikhdeeda meel xun ka gashay.

Allaha u naxariisto Addoonkaas iyo Inta la dhimatay oo uu ku jiray Axmed oo ahaa wiil uu dhalay curadka sheekhu lana yiraah Dr. Muxammad-towfiiq.

Xigasho:

1. www.naseemalsham.com

Barnaamij Tv-ga: Maca Al-Buudi Fii Xayaatihii Wa-Fikrihii. La socodkaygii min maalintaan bartay illaa geeridiisii iyo muraajacayn-taydii joogtada ahayd ee dhaxalkii uu ka tegay.

Allaa waafajinta leh

ര‌ഓ

HORDHACA
DAABACAADDA 3-AAD

Buuggaani waa bilowgii waxsoosaarkayga la xiriira cilmibaarista, waxqoridda iyo faafintoodaba. 1957-dii ayaan daabacay, haddana 1958-dii ayaan mar kale daabcay. Xilligaas dareenka suugaanta iyo jacaylkeeda ayaa igu badnayd. Ka dib kolkii Alle igu mannaystay inaan diintiisa Islaamka u shaqeeyo oo aan dadka ugu yeero oo aan difaaco aniga oo adeegsanaya halbeegyada cilmiga iyo fakarka ayaan faraha ka qaaday oo ma aanan arag baahi igu khasabta in aan daabacaaddiisa soo celiyo, inkasta oo ay jireen saaxiibbo iyo akhristayaal aan yarayn oo in badan iga codsaday in aan dib u soo daabaco.

Balse markaan sabab ayaa igu riixday in aan dib u soo daabaco, waxaana filayaa in toosnaan iyo khayrba aan ka helayo. Qof ayaa ka faa'idaystay jeedsigaygaan iyo sida aan faraha uga qaaday faafintiisa iyo hadalhayntiisa. Inta uu magacii ka beddalay oo uu u bixiyay "Gugu muxuu u ooyayaa?" ayaa uu ka gaday qolo u gudbisay idaacadda Cummaan oo taxane ahaan looga baahiyay- laga yaabee in uu meel kalana u gudbiyay.

Kolkaan intaa arkay, waxa ugu yar ee aan samayn karay ayaa ahayd in aan dib u soo saaro oo aan ka faydo daah ku rognaa muddo dheer, si faafintiisa iyo baraarugga akhristayaashuba ay ugu noqdaan difaaca ugu wanaagsan ee ka ilaalin kara xadgudub kasta oo ku yimaada.

Shaqada aan Sheekadaan ka qabtay

Sheekadaan ayada oo gabay ah ayaa waxaa allifay gabyaa kurdi ah oo la dhihi jiray Axmed al-Khaani oo dhintay 1953-dii. Waxa uu ka mid ahaa culumada waawayn ee Kurdida ee ku takhasustay fiqiga, falsafadda iyo suugaanta. Dhaxalkiisii waxaa ka mid ah diiwaan gabay ah oo uu ku xardhay dhacdooyinkii qisadaan.

Shaqadaydu waxaa ay ahayd in aan qisadaan u soo haltebiyay tiraab carabi ah, qisada ayaana ii noqotay maaddada asaasiga u ah falkinta qiso tiirarka iyo lingaxyaduba u dhan yihiin. Waxaan isugu geeyay inta ay dhan tahay tabartayda codkarnimo si aan u soofeeyo oo aan u muujiyo heerka ay gaarsiisan tahay musiibada qisadu werinayso iyo heerkulka jacaylkaas.

Tilmaamaha gaarka ah ee ay sheekooyinku leeyihiin ayaa igu riixday in aan ku daro barjoogsiyo dheeri ah oo aan u kaalmaystay waxyiga maskaxda; waxaan ugu daray si aan u awdo daldaloollada ka soo dhex muuqanaya kolkii tix loo rogayo tiraab.

Wax kasta oo ay tahay, si guud, waa qiso soo bandhigaysa musiibo taariikheed oo dhacday.

Aabbahay-Alle ha caafiyee- waxa uu igu yiri: labada qof ee qisadaani ka unkantay waxaa ay ku xabaalan yihiin laba qabri oo caan ka ah jasiiradda Bin-Cumar, waa dambe ayaana laga dul dhisay dugsi culuumta sharciga ah lagu barto" Aabbe, wakhti dheer ayaa uu dugsigaas wax ka baran jiray.

Intaa ka dib, haddii maanta la iga codsado in aan soo saaro buug suugaaneed kan oo kale ah, ma aanan yeeleen- aniga oo weliba qirsan sida uu nadiif u yahay, heerkiisuna u sarreeyo.

Iga ma ah in aan ka ogaansho la ahay ama aan inkirayo kaalinta ay suugaanta aadanuhu ku leedahay muslimiinta dhexdooda iyo sida ay dhallinta uga badbaadin karto bullaacadaha suugaanta qurunka ah. Waxaan ahay qofka ugu horreeya ee qiraya in suugaanta asalka ah ee wanaagsan ay leedahay kaalin fiican oo aad u weyn.

14

Buuggayga "Ka yimid Laabta iyo fikirka" ayaan ku qoray maqaal ballaaran oo ka hadlaya baahida ay maktabadaha islaamku u qabaan suugaan islaami ah.

Balse cimrigu waa gaaban yahay, culaabta dacwada ee bulshadeennuna waa aad ayaa ay u culus tahay. Waqtiga aan ku bixinayo suugaanta ayaa uu qof kale ku bixinayaa bidhaaminta dariiqa cilmiga xorta ah asaga oo ka horjeeda xaqiiqooyinka islaamka.

Xalka ayaa ah in aan u kansho helo dhankaan ay qaddartu igu jihaysay, suugaantana ciddii ku takhasustay ayaa u adeegi doonta oo awdi doonta dulduleellada halista ku ah dhismaha aqooneed ama nololeed ee ummaddeenna. Ayaga ayaa ku filnaan doona in ay bulshada u soo saaraan suugaan islaami ah oo heerkeedu sarreeyo oo dhaqanka san u adeegta oo ceebtana ka dhawrta, dhallintana ku quudisa sahay badbaado oo dharjisa caadifaddooda iyo jacaylkooda. Suugaan oon iyo gaajaba dhallinta ka bi'isa oo ka ilaalisa inay ku sibqadaan siibatooyinka dulliga iyo dufowga.

Mar haddaanay jirin wax igu riixaya inaan wax hordhac ka badan u qoro daabacaddaan, iima muuqdaan wax iga hor-istaagaya in aan xabsigii ka soo saaro oo aan soo hordhigo akhristayaasha weliba ayada oo ay tahay waddada ugu horraysa ee aan kaga ilaalin karo gacmaha kuwa xadgudubka iyo foolxumaynta ku hawlan.

Dhawrkaan sadar ayaa hordhac ugu filan soosaariddii saddexaad.

" Imminka waxaan kuu soo gudbinayaa musiibadii taariikhiga ahayd ee "Mam iyo Siin", ka dib markii aan huwiyay go' ballaaran oo laga sameeyay luqadda sixirka iyo aftahannimada.. luqadda aftahnnimo ee Alle bixiyo ee aan la tabci karin.; ka dib markii aan qubay illin qiro le'eg khaddii aan ku qoray."

Dimishiq 20/01/1397H--------10/01/1977M
Muxammad Saciid Ramadaan al-Buudi

 C3

MAM IYO SIIN

SIJAAYADDII GARABDAARKA

*I*i kaalay cabbitaanloow, koobkaan khamro² ka buuxi. Waxaad ka buuxisaa khamro ubaxeeda laga qooshay miraha ka soo go'ay ruuxda, laga na soo miiray dhalaalitaanka sirta qalbiyada. Deetana koobabka jawharta ka samaysan afkooda igu waraabsii cantuugooyin isdaba socda. I waraabsii xaraarad kacdoomisa laabtaydaan miyir la'aanta ah, waallidaydana sakhraan u beddesha.

Hoobalyahow kaalay, dhinacayga fariiso oo daroogada nafta u dhammaystir heesta codka macaan ee ka dhimman. I maqashii kitaarka iyo turumbada codkooda, iiga farxi islajaanqaadidda gurbaanka iyo sacabka.

Iiga farxiya aragtida ubaxyada quruxda loo ebyay iyo laamaha sida yaabka leh u ruxanaya. Intaa oo dhan isugu kay dara si ay dareenkayga iyo xiskaguba uga doorsoomaan uumiyaha igu gedaaman- laga yaabee in culayska jirkaan saaran uu shiilmo oo aan noqdo qalbi iyo ruux, oo ay iga soo haraan dareen iyo macne oo qura. Kolkaana waa suuragal in qulqul nuurka dahiran ah uu i soo gaaro oo uu naftayda ku iftiimiyo ileyskiisa soo baxay oo uu kaahiisa

---

2 Sida aan hordhaca ku soo sheegayba, qoraagu waxa uu ahaa suufi diin iyo cilmi ballaaran leh, kahmarada, koobabkeeda iyo waxyaalaha la mid ka ah waxa uu uga jeeda waxa ay in badan gabyaayada iyo suufiyadu uga jeedaan ee ah ekaysiin iyo sarbeeb.

qayb ka mid ahna i dhexgeliyo oo deetana qalbigaygu sifaysmo, indhahayguna ay arkaan sirta nolosha ee laga daboolay. Sidaa ii yeela, si aan subax kasta u soo kallaho aniga oo dadka u turjumaya sheekada dhexmartay dabaysha iyo laamaha geedaha; si aan ugu sharraxo haasaawaha shimbaraha iyo ubaxyada; si aan saanta ula helo gabbaldhaca oo aan dadka u akhriyo caddaymaha ay siddo qorraxda ku goglan keyamaha iyo waraha; si aan Deewaadda (Candaliibka) iyo Bulbullada aan ula qaado heesaha jacaylka iyo quruxda. Sidaa ii yeela si aan dadka ugu sakhraamiyo quruxda koonkaan ka dib marka ay cabbaan khamrada qalinkayga; si aan uga farxiyo codka macaan ee aftahamada qalbigayga iyo carrabkayga.

Cabbitaanloow, ii keen. La kaalay koob laga buuxiyay sharaabkaan si aan qalbigayga murugada uga jafo; si aan ugu sakhraamo kulkeeda I leefaya, caqligayguna uu ku daroogoobo sakhraddeeda.

La kaalay si fikirkaygu u kacdoomo oo aan ugu hadlo sirta qalbiyada; si ay ruuxdaydu meel sare u gaarto oo aan u soo farraqo macnayaasha qarsoon iyo jawhartooda. Si aan jibbada iyo isla-sheekaysiga nafta daaha uga faydo, oo aan diirka ka qaado daqnashada laabaha iyo jacaylkooda. Intaas oo dhan ayaan soo bandhigi doonaa ayaga oo ah heeso aan muusik lahayn, waana soo saari doonaa ayaga oo udug caraf badan ah oo aan ubaxna lahayn. Maanta, waxaan soo bandhigayaa taariikh laga buuxiyay shallayto iyo jirro muddo dheer indhaha iskuqabsatay oo seexatay. Mar kale ayaan soo celinayaa hinraag ka baxayay laabo iyo dab ka huleayay qalbiyo kal hore la damiyay oo dambas noqday!

Aniga oo adeegsanaya aftahamadayda ayaan nafta ku soo celinayaa Mam iyo Siin-kii uu legday dabka caashaqa iyo jacaylku. Daad qulqulaya oo dareenkayga ruuxeed iyo kan jir ahaaneed ka soo fatahmay ayaan ku dawaynayaa, waayo ma aanay helin cid siisa dawada ay xiriirka iyo farxaddu leeyihiin. Waxaan dadka daaha uga qaadayaa miskiinkaas uu qalbigiisa jacayl karkaraya gubay oo dhagarta iyo xaasidnimaduna ay xasuuqeen. Waxaan kale oo dadka barayaa qalbiga inantii daahirka ahayd sida ay daruur biyo sidda oo daruuraha ku dhexjirta ay daahir u tahay oo kale. Inantaas ay guuldarradu shiishay, gacmaha dulmiguna ay burburiyeen sida gacmaha kakani ay ubax jilicsan u burburiyaan oo kale. Labadaan isjecel waxaan mid walba huwinayaa laba go' oo lagu xardhay aftah-annimadayda, dabeetana waxaan kor ugu qaadayaa halka ugu sarraysa taariikhda si ay u waaraan oo uu hinraaggii laabahooda ka baxay asna u waaro; si ay u daawadaan qof kasta oo dalxiis ah ama wax eegaya.

Guuldarrada iyo iswaayitaanka haleelay, dabka iyo gubashada gaaray dadka qaar ha la ooyaan; qaar kale na ha ku fidnoobaan dabacsanida iyo quruxda lagu galladay inantii Siin.

Laga yaabee inta u turta ee Alle naxariis u weydiisa in ay anigana Eebbe turriimo ii weydiiyaan. Laga yaabee in raad dhimrintooda ka mid ah ama xantoobo ducadooda ka mid ah ay i soo haleesho. Laga yaabee in dadka qaarkood ay dhahaan: Alle ha u raxmadee, waxa uu noloshoodii ku xardhay daliigimo qurxoon, qisadoodiina waxa uu ku dhex tallaalay beerta waaritaanka.

Laga yaabee in kuwa wax dhaliila ama gorfeeya ay qoraalladooda gorfaynta ah buug yarahaan uga turaan. Si kasta oo uusan u gaarin heer iskudhamme lagu sheegi karo, haddana waa ilmahaygii yaraa ee igu qaaliga ahaa. Agtayda waa uu ku weyn yahay, qalbigaygana waa la jeclaysiisyay, waa la koolkooliyay oo indhahaygana waa loo qurxiyay. Waa beer, in kasta oo miraheeda lagu arki karo qeybo dhan oo aan bislaan, haddana waa beertii laabtayda, waa lubbigayga iyo fikirkayga ubaxoodii. Waxaa labadoodaba dedaal ugu filan inta aan soo bandhigay, anna waxaa labadooda iga deeqa miraha ii baxay.

☙

JASIIRADDA CAGAARAN

1393M-dii ayaa ay sheekadani ka dhacday jasiiradda Buudaan ee hadda loo yaqaanno Ibni Cumar, dhacdana jiinka webiga Dajla. Waxaa ay ku dherersan tahay dhul ballaaran oo u dhexeeya taagagga iyo gollayaasha doogga ah ee waqooyiga Ciraaq.

Magaca jasiiraddan waxa uu baarka sare kaga jiraa degaannada Kurdidu degto, ee ay badidood sooc ku yihiin in ballaaran oo quruxda iyo dhalaalkeeda ah, oo waxaa ay ku kala firiqsan tahay beero dabiici ah oo ashqaraar ah, waxaana dacalladeeda oo dhan ka wirqaya dhalaalka Dajla ee badi dhincyadeeda ku gedaaman, sida ay irkigga quruxdeeda u kordhinayaan buuraheeda dhaadheer ee cirka ku tolan ee sarraynteeda afkalaqaadka ah iyo indhadaraandarkeeda cagaaranna ugu faanaysa badi buuraha dunida, hareerahadana ka faafinaysa sirta waaritaanka iyo astaamaha weynida.

Dhacdooyinka qisadani waxa ay ka unkameen qasriga hoggaamiyihii jasiiraddaan al-Amiir Sayn al-Diin, oo ay waayadaas iyo wixii ka dambeeyay ilaa bartamihii boqortooyadii cusmaaniyiin- tana ay dhulka kurdidu u ka la qabysanaayeen dhawr maamulgoboleed oo mid walba taliskeedu uu hoos imaanayay amiir karti iyo awoodba leh.

Amiir Sayn al-Diin ma uusan ahayn mid xilqaadnimo sare leh oo qur ah e, waxaa kale oo u weheliyay hodannimo ballaaran, awood iyo saldanad si weyn u muuqatay. Waxaa se yaab lahayd in taasi aanay ka horjoogsan hanashada qalbiyada shacabkiisa iyo in uu kasbado jacaylka dabaqadaha oo dhan, oo ay taasina u keentay in magaciisu arliga gaaro asaga oo ay haybadda iyo weynidu ku laran yihiin; jasiiradda Buudaan keliyana ma aanay ahayn e, dhammaan jihooyinka Kurdistaan iyo maamulladeeda.

Qasrigiisa markii meel dheer la ga soo eego u ekaa burji aad u weyn, la ma uusan mid ahayn qasriyada madaxda kale iyo aynigood. Waxaa uu se ahaa astaan ka mid ah astaamaha fanka iyo halabuurka. Waxa uu joogay heerka ugu sarreeya ee baayakhlaynta lagu bixiyay naqshadayntiisa iyo taagidda quruxdiisa.

Gudihiisa goglo iyo alaabo qurxoon oo qura lama dhigine, waxaa dhalaal iyo if ugu deeqayay madxafyo la isugu keenay waxyaabo yaabkooda leh oo dhif ah iyo noocyo kala duwan oo ka kooban jooharado caynad gaara oo heer sare ah.

Waxaa baraxadaha iyo barandooyinka qasrigu ay la ciirciirayeen tobannaan wiil oo addoommo ah iyo intaa oo kale oo hablo iyo gashaantimooyin ah. Dhinacyadiisa ayaa ay ku wareegayeen, waxaa ayna gudaha qasriga u kordhinayeen jawi indhasarcaad ah oo la ifaya indhaqabadkooda iyo quruxdooda.

Balse, aayadda iyo astaanta ugu weyn ee quruxda qasrigaasi ma aanay ka imaanayn gabdhahaas quruxda badan. Waxaa ay keliya ahayd sir ay lahaayeen labo luul oo walaalo ah oo aan intaa middoodna ahayn. Ilaahay ayaa ku uumay qasrigaas, maya e jasiiraddaas, ayaga oo ah muunadda ugu sarraysa quruxda, tusaale buuxana u ah muuqa ugu sarreeya indhadaraandarka iyo indhasarcaadka rabbaaniga ah, oo waxaadba moodaysaa in awoodda Ilaahay ay abuurtaan yaabka leh ugu xaradhay qasrigaas si ay rumeeyaan fannaan walba oo baacdheer, hiboole kasta iyo farsamay-aqaankii la arkaba in quruxduba ay middaan tahay, ee aanay ahayn rasaynta dhagaxaanta, fanka xardhidda, iyo farsamada dhalaalinta. Tani waa indhadaraandar qalbiga wareerinaysa, laabahana sakhraaminaysa, taasina waa dhalaal indhaha u hillaacaysa oo aragga xadaysa, farqiga u dhexeeyana aad buu u kala duwan yahay.

Labadaan walaalaha ah ma aanay ahayn cid aan ka ahayn amiir Sayn al-Diin walaalihii, oo labadooda tan weyn aanay labaaatan iyo afar jir dhaafin, lana oran jiray Siti. Waxaa ay u dhexaysay caddaan qaajay ah iyo maarriin dhalaal. Addimmadeeda oo dhan mid walba si gaar ah ayaa qurux loogu shubay, deetana intaa oo la isku daray ayaa jirkeeda iyo muuqeeda oo dhanna lagu shubay, waxaa ayna sidaa ku noqotay walax sixirka ka xariifsan, indhadaraandarkana ka xeeldheer.

Tan yar waxaa la dhihi jiray Siin, oo keligeed ayaaba caddayn ugu filnayd in awoodda Ilaahay ay karto in ay u abuurto qurux iyo indhadaraandar ka xeel dheer oo ka sarreeya tan walaasheed.

Dhexdu madag, jirkeedu sida qawl dhedo ka kacday, jooggeedu sidii baxarsaaf lulmanaya, caddaan badnaanteedana waxaa sii bilay guduud holacaya, indhadeeraleey bu'da indhuhu aad u madaw yihiin oo uu Alle u dhiibay dhammaan astaamaha soojidashada iyo dhimrinta ee ka sarreeya eray walba oo la gu cabbiri karo.

Ma aanay ahayn dahabi, balse tinteeda aadka u madoow-ee sida sixirka habeenka isu gu meegaaray wajigeeda astaamihiisa sida ugu xeeldheer loogu qaybqaybiyay ee ayna caddaantiisa dhalaalka badan ay ku milantay roosateeda dibnaheeda iyo holaca dhabannadeeda, ayaa qalbiga si xad-dhaaf ah u dhaawacayay, caqligana sakhrad ku daroogaynayay.

Intaa oo dhanna waxaa u dheeraa debacsanida ruuxdeeda iyo degganaan buuxda. Wadarteedu waxaa ay sookoobid u ahayd tusaalayaasha ugu ashqaraarka badan ee quruxda, degganaanta, iyo dhimrinta.

Inkasta oo ay labadaan quruxlay ahaayeen labo luul oo qubkooda qasrigaas ka ga xabbisan badi indhaha dadka, haddana waxaa ay magacayadoodu caan ka ahaayeen oo ay gaarsiisnaayeen daafaha jasiiradda, maya e, badi dhulka Kurdistaan, waxaana caannimadooda darteed la ga dhigan jiray halbeegga ugu sarreeya iyo tusaalaha ugu ebyoon ee quruxda.

Sida dhabta ah wax la la yaabo ayaa ay noqon lahayd in labadaa quruxlay la gu uumo qasriga amiirka Buudaan oo ay haddana noqdaan labada ubax ee ugu qurxoon ee daafihiisa indhaha laga ga qariyay, haddii aanay bulshada kurdidu guud ahaan, madaxdoodana gaar ahaan aanay dabeecaddooda ku beernaateen masayr karkaraya oo aan marna ka bixin laabtooda, ka na dhigtay in ay dhibsadaan isku milanka labada jinsi wax aad u yar mooyaane.

Taasi ayada oo ay jirto ayaa haddana waxaa kale oo jiray in walaalkooda amiirka ah laga buuxiyay masyarkaan, ayna ku sii kordhisay quruxdii dhifta ahayd ee ay lahaayeen walaalihi ee diidday wax aan ka ahayn in magacoodu gaaro jasiiradda oo dhan iyo badi degaannada kale. Sidaa darteed, waxaa aad u adkayd in dadkii faraha badnaa ee qasrigaas caashaqsanaa aanay ku yeelan calaf aan ka ahayn maqal iyo wardoon.

☙

CIIDDA GUGA[3]

*W*aa gabbaldhac, xilli ay dadku sii sagootinayaan 20-kii Maarso, si ay u soo dhaweeyaan guga sannadka cusub. Dhaqdhaqaaq kasta iyo shaqo walba oo ay dadku hayeen waxa ay yeelatay firfircooni aan hore u jirin; waayo? dadka oo dhammi waxa ay u diyaar garoobayaan sidii ay berri subax u aadi lahaayeen bannaanka kore ee magaalada. Waxaa ay u ekayd in maalinka berri ah oo dhan ay ku dhammaysanayaan daawashada dhirta cagaaran ee dhulka isgogoshay, wabiga Dajla ee wirqaya jiinkiisa, iyo buuraha quruxda iyo dhererka badan dushooda.

Waa caado ay dadka Kurdidu leeyihiin in ay xaflado ku soo dhaweeyaan waaberiga gu' kasta oo cusub. Waxa aad moodaysaa in ay aamminsan yihiin in ay dabeecadu xaq iyo gallad weyn ku leedahay, waajibna ay tahay in ay u dabbaaldegaan dhalashadeeda cusub. Yar iyo weyn, lab iyo dheddigba berri oo kale waa ay soo

---

3 Ciidda guga uu halkaan ku sheegayo Khaani waa ciidda Neyruuska. Waxaa maalinta 21-ka maarso ee sannad walba u dabbaaldega Kurdida iyo Beershiyiinka. Shacaybka kurdidu waxay ugu dabbaaldegaan in ay bannaannada aadaan ayaga jooharado cajiiba isku qurxjiyay, xilaqooyin jaas iyo gadddakacayaar ahna samaynaya. Waxay shidaan dab ka dhiga dabkii uu shiday tumaalkii Kaaw ahaa kumannaan sano ka hor asaga oo ku dhawaaqaya dhammaadka dulmiga iyo kelitalisnimada, ka na dhigaya calaamad u taagan guusha iyo isxoraynta.

25

baxaan. Dunida magaalaysan ee aadanuhu qurxinteeda iyo
dhalaalinteeda ay is ku hawleen in ay ka fogaadaan oo ay aadaan
halka ay ka bidhaamayaan bogagga abuurta Eebbe ee indhadaraan-
darka ah, ayna keligeed u khushuucaan oo ay ku la joogaan farxad
iyo baashaal tan iyo gabbaldhaca.

Dhaqdhaqaaqaani waxa uu si weyn uga muuqday oo uu wada
gaarsiisnaa dhammaan dhinacyada iyo daafaha jasiiradda, si gaar
ahna qasriga amiirka. Waxaa khasab ku ahayd hawlwadeennada iyo
adeegayaasha qasriga in ay galabtaba dhammeystiraan habaynta
qorshaha kolonyada amiirka oo laf ahaantiisu xafladaha guga
kormeeraya. Waxaa dhici karta in uu fursadda ka faa'idaysto oo uu
ugaarsi tago, horana u sii kaxaysto koox ciidanka iyo golihiisa ka mid
ah. Gudaha qasriga se waxaa ugu degganaa qaybta sare. Ma aanay
joogin cid aan ka ahayn labadii amiiradood ee Siti iyo Siin. Waxaa ay
ku leexsanayaan balakoonnada sare midkood, ayaga oo ku dangiigsan
fadhiyada barandada yaallay qaarkood, qorraxdhaca u toog haya, la
na dhacsan moodda galabeed, taagsimaha, iyo bogga sare ee wabiga
Dajla ee ka la leexleeda asaga oo isku meegaaraya badi daafaha
jasiiradda.

Halkaa ayaa ay ku sheekaysanayeen ayaga oo ku jira farxaddooda
khayaaliga ah ee ciidda. Ciidda dabeecada ee soo laabatay ayada oo
dunida ku goglaysa xariirteeda cusub. Sheekadoodii quruxda ciidda
ayaa u sii tallowday ka sheekaysiga quruxda lafteeda. Sida ay
haweenaydu quruxda u aragto iyo sida uu ninku quruxda u arko ee
aanay suuragalna ahayn in ay ugu koobnaato xeeb, webi, cagaar, iyo
geedo. Waxaa habboon in ay taasi ebyido quruxda ruuxda nool iyo
ifkeeda. Ruuxdaanina haweenayda u ma ay aha wax aan ninka ahayn,
raggana u ma ay aha wax aan haweenka ahayn.

Siti waxaa ay tiri: waxaa ay u eg tahay in aanan heli doonin ninka
aan u bogi doono jeer ay quruxdiisu gaarto heer u dhigma fidanada
dabeecadaan amakaagga ah iyo saamaynta ay naftayda ku leedahay
oo kale.

Siin ayaa ugu jawaabtay: ba'a! Hadalkaagu waxa uu u
dhadhamayaa in aad raadinaysid nin quruxda baarkeeda sare jooga.

Xaggee ka helaysaa qof figta sare gaaray? Mise waxaad moodday in ragga oo idil ay ku nool yihiin qasri keenna la mid ah, ayna sideenna oo kale u barbaareen.

Waxaa ay tiri: laakiin, haddii la baadigoobo-khasab, waa la helayaa ninkaa ii sawiran ee aan doonayo.

Siin oo qoslaysa ayaa ugu jawaabtay: laakiin, sidee ayaad ku raadin karaysaa ninkaan kuu sawiran? Mise nin camal baad noqotayoo raggaad dhexgalaysaa, golayaashooda iyo barkulanna-dooda baad ka ilbaadinaysaa jeer markaad soo hesho aad soo wadatid oo aad u janjeersatid?

Siti cabbaar ayaa ay foorarsatay ayada oo ku cayaaraysa timaha walaasheed, deetana madaxa ayaa ay ruxday ayada oo leh 'haa, dhibtuba waa uun middaa bes'. Haddana waa ay aammustay.

Wax yar ka dib ayaa ay Siin qosolgiriir ku dhufatay, deetana walaasheed ayaa ay ku qarsatay 'dhibtaan, xal baan u helaye, i maqal'. Si fiican bay u fariisatay, sidii in ay cid ka baqaysana inta walaasheed u soo dhawaatay ayaa ay ku tiri 'ma og tahay in ay berri tahay ciiddii guga iyo in dadka jasiiradda oo dhan ay munaasabaddaan awgeed u baxayaan dhanka beeraha. Shaki ku ma jiro in ay tahay fursadda ugu fiican ee waxa aad ku fakaraysid la gu heli karo'.

Waxaa ay tiri: ba'aa, oo tani ma xal baa? Goormee ayaa sida aad moodaysidba ay maanta oo kale dumarku ku milmi jireen ragga? Miyaadan ogayn in aynu leennahay meelo inoo gaara oo aanay rag joogin. Mise....'

Siin ayaa hadalka ka boobtay oo tiri: laakiinse weli xalkii kuu ma aanan sheegin. Waxaan ku dhihi lahaa berri cidina magaalada ku hari mayso. Dadka oo dhan waxaa ay isu gu imaanayaan bankaas. Waxa keliya ee la ina ka rabo waa in aan kolonyada ka dib dhacno innaga oo iska dhigayna sidii inaan daallannahay oo uu na hayo juucjuuc aannaan ku bixi karin. Markii uu qasrigu faaruqana waxaan baxaynaa innaga oo oo isku maldahnay oo xiran dharka ragga, isu na ekaysiinayna. Ka dibna waxaan dhex jibaaxaynaa safafka, shakina ku ma jiro in ay ina moodayaan dhallinyaradii iyo addoommadii qasriga. Waxaa ay u badan tahay in fikraddeennu guulaysan doonto, labadeennana ay inoo suuroobayso in aynu jasiiraddaan ballaaran ka helno dhallinyaro inoo qalma oo aan ka helno'. Judhiin, ayada oo aanay Siin fikraddii wada sheegin ayaa ay walaasheed ka heshay, waxaa ayna dhaqso isu gu afgarteen in ay berri subaxba ku dhaqaaqaan.

Waxaa ay ka sii sheekaysteen qaabkii fikradda loo fulin lahaa iyo sidii ay u digtoonaan lahaayeen. Laakiin se waxaa ay ugu dambayn ku khasbanaadeen in ay sheekada daayaan markii ay ku baraarugeen in ay qorraxdii xoogaa ka hor dhacday, gudcurkuna uu saanqaafkii jasiiradda ku fiday, guryaha dushoodana ku habsaday jeer la arki waayay, ayada oo raadkeedii iftiin ka la firiqsan oo xaggaa iyo xaggaaba ka ifaya ah ka tagtay. Waxaa ay ka baqeen in fadhigooda ay ku meeraysato cid uun maqasha sheekadooda ay tahay in sir aanay cid kale ogaan ay ahaato. Sheekadii ayaa ay joojiyeen, balakoonkiina way ka tageen ayaga oo sii maraya marinka ballaaran ee taga qaybta soodhaweynta. Halkaa ayaa ay ku arkeen addoommada qasriga midkood oo waxaa ay weydiiyeen 'amiirkii xafiiska ma ka soo baxay mise weli?' waxaa uu na ugu jawaabay in uu xafiiska weli la joogo golihiisa qaarkood, ayna ka sheekaysanayaan ugaarsiga ay wada go'aansadeen in ay asxaabtiisa u dhow qaarkood ay isu raacaan waaberiga. Deetana inta uu is yara goday ayaa uu salaan u taagay, oo uu ka socday.

Way ku farxeen warkaan, oo waxa uuba ka mid noqday sababaha u sahli doona in ay ku guulaystaan fikraddii ay ku heshiiyeen. Waa fikradda aan ahayn wax ka duwan raadka quruxdoodii mar-la-aragga ahayd ay ku reebtay, oo waxaa u sawirnayd in aanay u qalmin cid aan quruxdooda ama wax la mid ah aan lahayn. Sidaa darteed ayaa ayna u diidi jireen dad badan oo rejo ka qabay, damacna uu ka hayay, ayaga oo sugaya inankii ku habboonaa. Deetana salaan bay isdhaaf-sadeen, waxayna ka la aadeen qolalkooda ayaga berri subax isballansaday.

Subaxdii xigay ayaa ay qorraxdii soo baxday suuqyada Buudaan oo haawanaya, fagaarayaashu ay cidlo yihiin, dhammaan dadkii joogayna ay baxeen ayaga oo wadaanta darsanaya ciidda soo booqatay ee ka soo salaantay oogada sare ee dabeecada hodanka ah ee mar hor leh soo baxday ayada oo barwaaqowday ka dib muddo ay duuduubnayd ee dabaylaha xagaaga iyo taagsimaha barafkuna ay bilo qariyeen.

Dadka oo dhan waxaa ay ku kala firirsanaayeen jawiyo sakhrad iyo indhasarcaad leh, waxaa ayna ku leexaleexaysanayeen jiinka webiga qalin la moodka ah, taagsimaha cagaaran ee la gu xardhay naqshadaha ubaxa kuwa ugu xeeldheer korkooda iyo dhakada oogada sare ee buurta Juudi ee la gu goglay gogosha xariirta wirqaysa ugu qurux badan.

Waad dhugan, indhuhuna afarta dhinac ayaa ay ku la aadayaan, ma na gaaraysid halka u dambaysa. Waxaad arki isku milan is burinaya oo ka kooban dabaqado, noocyo iyo kooxo ka la duwan. Waxaa isku milmay hodanka iyo faqiirka, waxaa isbarbar socda yar iyo weyn, waxaana kulmay musaqaf iyo jaahil. Waxaa ku jira mucaashaq u yimid si uu dhaawacyada qalbgiisa ugu maasheeyo koobab khamarada illoshaha ah. Waxaa ka mid ah gabyaa khushuuc la dhacay oo uu u hilowsan indhadaraandkaan amakaagga ah asaga oo ka warguraya aayadaha hal-abuurka. Waxaa ku jira faylasuuf uu wareerku qafaashay oo uu argaguxu hantay oo deetana sujuud u la dhacay Abuuraha indhasarcaadkaan iyo quruxdaan.

La yaab ma leh, oo dabeecadu waa hooyadood ayada oo aan la kala gaynayn. Si isku mid ah ayaa ay ugu turtaa, si siman ayaa ay ugu dhoollabiraysaa, waxaa ayna giddigood ka waraabisaa koob aan ka la duwanayn. Waxaa ay gar u leeyihiin in ay maanta ku sakhraamaan sharaabkeeda, dhabteeda ku jaasaan, iyo in uu ruux walba sirteeda ka helo dawada qalbigiisa. Waxaa faran dhammaan muuqaallada quruxda beenta ah iyo noocyadeeda gacankurimiska ah in meel fog loo ga halgaado. Khamaradu halkaan ma aha wax aan ka ahayn wixii uduggeeda ka qooshma, quruxduna ma aha wax aan ka ahayn wixii ka dhex muuqda ifkeeda. Laakiin hal shay oo aan kan ahayn ayaa maantaas awood u yeeshay in uu si wareer xad-dhaaf ah u soo jiito caqliyada dadka. Waxaa buuradkaa ku jiray laba dhallinyaro ah oo haddii ay dabeecadaas indhadaraandarka ah ay isu keeni lahayd quruxdeeda iyo indhasarcaadkeeda oo dhan oo ay dooni lahayd in ay waxaa oo dhanba dunida u soo ganto ayada oo leh muuqaalka laba barbaar oo huwan dhammaan quruxdaas iyo indhasarcaadkaas, ma aanay awooddeen in ay ku deeqdo wax tan ka xeeldheer oo ka qurux badan!

Waxaa ay dabaylaha irkigga ku kaakicinayeen ciddii dhugata quruxda dhifta ee uu Ilaahay siiyay! Ma jirin qof dadkaa ka mid ah oo inta soo ag mara aan muddo irkig meel la taagnaan, sidii in uu isweydiinayo 'tolow, yay noqon karaan labadaan barbaar ee aanay culaabta adduunyadu ka muuqanayn? Ma la ga yaabaa in ay yihiin laba malag oo cirkoodii uga yimid si ay ciiddaan uga qayb galaan? Mise waa labo ku mataansan dabeecadaan indhasarcaadka ah oo qofaf iska soo dhigtay muuqaalka labadaan barbaar, ayna haddiyad iyo mahadnaq uga dhigtay sida aan u soodhawaynayno? Sida caadiga ahna gar bay ahayd in ay waxaa oo dhan la yaabaan. Oo labada barbaar ma aanay ahayn cid aan ka ahayn labadii amiiradood ee Siti iyo Siin! Waxaa ay u soo baxeen in ay ka qaybqaataan xafladda ka dib markii ay isku soo qariyeen dharkii ragga iyo qaabkoodii, si ay ugu sahlanaato in ay indhaha la raacaan buuradkaa faraha badan oo la ga na yaabo in ay midiba ka hesho inankii ay ku riyoonaysay iyo barbaar quruxdeeda u qalma.

Laakiin se labadii amiiradood ee laabaha indhasarcaadiyay waa ay awoodi waayeen in ay maalintaas buurkaa dadka ah ka dhex helaan barbaar caqligooda sixra, ka helitaankoodana ku guulaysta! Sababtu wax kale ma aanay ahayn e, waxaa ay quruxda ku eegayeen halbeeggooda gaarka ah, waxaa ayna ugu jaango'nayd in ay ku eegaan mucjisada uu Eebbe ayaga goonida uga dhigay! Oo hadde xaggee ayaa ay mucjisadu ka keenaysaa in ay xaggaan iyo xaggaaba ka soo ifbaxdo? Sidaa ayaa ay maalintii oo dhan dadku ugu sii cayaarayeen oo ugu baashaalayeen jiinka wabiyada iyo ubaxyada dhexdooda, taagsimaha iyo qararka korkooda, iyo harka geedaha, jeer ay maalintu u hollatay in ay sii jeesato, fallaarihii qarraxdu ay sii yaraadaan, ayna taagsimaha iyo geedaha harkooduna sii gaabtaan oo ay gaaraan cawska iyo ubaxyada dhexdooda, qorraxdiina ay ka soo eegayso hoobadkeeda korkiisa ayada oo jaalle ah oo sii basbeelaysa, una taagaysa salaantii sagootinta ee ay ka toosinaysay hurdada khayaaliga si ay xaqiiqada u wajahaan. Xaqiiqada wax walba ku shaabbadaysa shaabbada baabba' iyo dhammanshaha, ee seejinaysa weynida waaritaanka iyo siijiridda.

Salaantii ay qorraxdu dadka u taagaysay ayaa giddigood ku qaadday in ay guryahooda u kicitimaan. Soolaabadkii waxaa ay waddooyinka iyo goollaayshu la gurxamayeen buuradkaa faraha badan ee rag, dumar, iyo ilma ba leh ee guryahooda u sii socda. Labadii amiiradood intii waxaa ay socodkoodii u la bayreen jid ka fog ciriiriga dumarka ku milmay ragga ee jidka la maraya. Wax yaabkiisa leh ayaana dhacay!

Waxaa labadii amiiradood soojiitay laba gabdhood oo dhacdhacaya oo argagaxsan, buuradkaa xaggiisana ka ga soo wajahan! Way saseen. Waxaa ayna moodeen laba gabdhood oo aqoonsaday, warkoodana u dhuundaloola. Laakiin judhii ay labadii gabdhood sidaa ugu soo dhawaadeen ayaa ay wareereen. Waa ay ku soo socdeen oo soo horjoogsadeen. Indhaha ay ay galka ka ga bixiyeen muuqaalkooda, deetana sarajooggii ayaa ay ka dhaceen. Midiba mar ayaa ay dhulka dam ku tiri ayaga oo si buuxda u suuxsan oo dunida iyo waxa dhex joogaba warmoog ka ah.

Labadii amiiradood si ba'n ayaa ay u argagaxeen, waxaa ayna isku dhajiyeen in ay aqoonsadaan labadaa gabdhood; waxa ay yihiin iyo dabaqadda ay ka tirsan yihiin? Laakiin se waxaa ay ka baqeen haddii ay joogsadaan si ay sirtooda u ogaadaan in dadka ag maraya ay ku soo jeediso oo ay ku soo xoomaan. Ayaga oo ku baraarugsan arrintaan aan caadiga ahayn ayaa ay iska sii socdeen ayaga iska dhigaya sidii in aanay dan iyo heello ka lahayn. Markii ay dadkii fogadeen ee ay garawsadeen in ay gudbeen ayaa ay si dhuumaaslaysi ah ugu soo laabteen halkii ay ku dhaceen labadii hablood, waxaana kashooda u gashay naxariis iyo turriimo ba'an.

Meeshii ay yaalleen bay yimaadeen ayaga oo weli sidii u suuxsan. Way dhinac fariisteen oo iska daawadeen muuqaalkooda kore. Waxaa ay ka ilbuuxsadeen qaabkooda iyo lebbiskooda la ga yaabo in ay daaha uga fayddo shaqsiyaddooda si ay u ogaadaan bal in ay xusuustaan oo ay gartaan iyo in kale? Laakiin se waxba ka ma aanay garan, middoodna waa ay awoodi wayday in ay xusuusato in ay labadoodaba hore u aragtay ama ay middood meel uun mar hore ku aragtay!

Waxaa ay midiba wajiga ku lahayd calaamad aad quruxoon oo lagu laray astaanta haybadda iyo macnaha sharafta. Waxaa ay taasi caddayn u ahayd in heerkoodu sarreeyo. Dharkooduna qaabka iyo xardhiddaba waa ay isa ga ekaayeen oo waxaa ay taasina muujinaysay in ay walaalo yihiin ama ay isu dhaw yihiin. Seefaha quruxdooda iyo sida xeesha dheer ee loo xardhay ee loo sharraxayna waxaa ay caddayn qayaxan u ahayd in ay dhex dabaalanayaan barwaaqo aad u badan.

Labadii amiiradood waxaa ay gaareen heer ay ku eegaan indho murugo iyo turriimo maadaama ay dhulka goglan yihiin, mid walbana uu dareenku ku maasheeyay bad kharaar oo irkig iyo afkalaqaad ah. Ma aanay lahayn dhaqdhaqaaq aan ka ahayn neef weyn oo laabtooda marna ka soo baxaysa, marna ay jiidayaan. Turriimadaasi si tartiibtartiib ah ayaa ay awoodda abuuraha arwaaxda dartii isu gu sii beddelaysay jacayl yaab leh oo aan la fahmayn!

Ayaga oo dhinac fadhiya ayaa ay eegmadoodii ku dhaqaaqday in ay si yaable isu weydiiso:

Tolow, beertee ayaa ay labadaan laamood ku cagaarteen? Kayntee ayaa ay labadaan ubax ku kala furmeen? Kannaalladee iyo xurfadahee ayaa sixirkaan u tabcay? Fadhigoodii ma dheeraan, oo waxaa ay meel fog ka arkeen ciidan farduhu la jibaaxayaan gollayaasha dhexdooda, magaaladana ku soo wajahan. Waxaa ay garowsadeen in ay yihiin amiirkii iyo saaxiibbadi oo ugaarsigii ka soo laabtay. Waxaa ay xusuusteen in ay habboon tahay in ay ku noqdaan qasriga ka hor inta uusan amiirku gaarin. Way kaceen ayaga oo sagootinaya labadii hablood ee aan weli suuxdintii ka soo miiraabin, ka dib markii ay midiba middood u gelisay faraantigeedii mar-la-aragga ahaa ee farahooda ka dhalaalayay ee magaca qofka lehna lagu xardhay xaradh qotodheer oo heer sare ah oo ka samaysan dhagaxaanta dheemmanka iyo yaaquudka, waxaa ayna ka ga beddesheen laba faraanti oo iska caadi ah oo middoodba far ugu jiray. Waxa ay saa u yeeleen waxaa ay ahayd in ay wakiil uga noqdaan sheegidda qaddarinta iyo turriimada ay u hayaan iyo in ay ka dhigtaan wadiiqo ay kal dambe ku aqoonsadaan oo ay ku gartaan meelkasoojeedkooda. Sidaa ayaa ay labadii amiiradood ku tageen ka dib markii ay jawhartii iyo dheemmankii mar-la-aragga ahaa ku beddesheen kuul iyo quraarad iska caadiya.

SIRTA LABADA GABDHOOD

Labadii gabdhood ee naxdinta iyo sasku ay ku dhaceen ma aanay ahayn dumar sida ay u muuqanayeen ah. Waxaa ay ahaayeen laba barbaar oo ka dhex muuqday ciidanka golaha amiirka. Midi waxa uu ahaa wasiirka koowaad wiilkiisa oo la dhihi jiray Taajuddiin, waxaa uu na ka mid ahaa saddex wada dhashay oo ilaalida intooda kale oo dhan loo ga aqoonsanaa halyeynim iyo geesinnimo xad-dhaaf ah. Gudaha jasiiradda oo dhan waxaa isku larmay magacooda, haybadda iyo burjiga. Amiirkuna si xad ka bax ah ayaa uu badi danihiisa gaarka ah iyo munaasabadaha ugu tiirsanaa. Mid waxaa la dhihi Jiray Caarif, midka kale na Jooko.

Kan kale waxa uu ka mid ahaa xoghayayaasha golaha dawladda oo waxaa la dhihi jiray Mam. Waxa uu ahaa saaxiibka khaaska ah ee uu keligi Taajuddiin ku lahaa walaalihii iyo saaxiibbadii oo dhan. Ilaahay waxa uu ka dhexaysiiyay gacaltooyo iyo walaalnimo ay dhif tahay in ayada oo kale ay helaan laba walaalo ah ama laba saaxiib. Waxaa la ga yaabaa in waxa ku kulmiyay gacaltooyadaa iyo walaalnimadaas ay ahayd qurux jacaylkii darnaa ee labadooda la gu yaqiinnay. Suurad walba iyo muuq kastaba waxaa ay ugu mammanaayeen si yaab leh. Saamaynta dhabta ah ee ay quruxdu ku samayso waxaa ay la gaari jirtay heer ka baxsan sida caadiga ah ama dabiiciga ah. Waxaa sidaa oo kale hayay hilow daran oo ay u qabaan in ay noloshooda mar uunba ha ahaatee ay indhaha saaraan labada amiiradood ee ay quruxdoodu wada gaartay badi dhinacyada Kurdistaan iyo goobaheeda.

Tan ayaa ku kalliftay in ay maalintaas isku soo qariyaan dharka dumarka iyo qaabkooda, ayna muuqooda oo kale ku soo baxaan. Waxa uu midiba iskujooggiisii ku beddeshay cambuur xariiri ah oo noocyadeeda kuwa ugu qaalisan ah. Waxa uu dhexda ku xirtay suun la gu xardhay waxa ugu xarrago badan ee ay koobsadaan quruxlayada indhadaraandarka ah. Waxa uu midiba madaxa ku duubtay taako ashqaraar miiran ah oo ay dhinacyadeeda ka lushaan miiqyo xariir jilicsan ah, si indhadaraandar lehna waxa uu ugu xiray koodkiisa sida ay gabdhaha kurdiduba yeelaan. Waxa uu timihiisa dhaadheer dhawr ka mid ah u daayay in ay ka soo muuqato dhafoorkiisa sidii oo ay yihiin foof yaab leh oo ka muuqata mucjisadaa xeesha dheer hoosteeda. Deetana waa ay baxeen ayaga oo u daawasho tegaya quruxda labadeeda muuqaal; muuqaalka dabeecada deggan iyo beeraha ashqaraarka miiran ah iyo muuqaalka wajiyada indhada-raandarka iyo indhaha sixiroolayaasha ah. Hammigooda ugu weyn waxa uu ahaa in ay soo arkaan quruxda labada amiiradood ee magacyadooda jasiiradda ku sixray, tan iyo beri horana ay sugayeen fursad u suuragelisa aragtidooda.

Ayaga oo dadkii soo noqday la soo rogmaya, kuna faraxsan ruuxda quruxda, caqliyadooduna ay ku sakhraansan yihiin khamaradeeda, ayaa ay amminkaas arkeen wax ay uga dhignaa sidii toorray lagu muday oo wadne goysay. Aragtidaasi ka ma aanay qaadi karin miyirka iyo garashada haddiii aanay jirteen xaqiiqo rooxaaniyadeed oo degdeg u xushay, dareenkoodiina dirqisay. Xaqiiqadaasi waxaa ay ahayd jacayl. Jacaylka rooxaaniyadda ee saafiga ah ee iska la sarreeya tixgalinta jirka ee iska la weyn xaqiiqada jinsiga ee labka iyo dheddigga. Waxa uu midkooba ka haleelay gunta qalbigiisa, waxa ayna tamartiisa qulqulka ah ay u kala gooshaysay irridaha kale ee ruuxda oo bilowgii horaba ba ku xirnayd, deetana ka ga luntay hoobadka dunidaan mowjadaheedu isdharbaaxayaan, jeer ay gaartay in ay ka raadiso muuqallada dabeecada iyo ubaxyada, ay u dhegraariciso candaliibyada [deewaadda] iyo shimbiraha heesahooda, ayna muuqeeda ka daydaydo wajiyada iyo muuqa jirka ilaa ay maanta la kulantay ka dib hilow karkarayay iyo kalatag aad u dheer. Hadde wax la la yaabo ma aha in ay amminkaas ruuxdu jirkeedii illowdo, la yaabna ma leh in ay indhuhu xaq u yeeshaan in ay biniinaan, caqligu uu ka la yaaco, dareemayaashuna ay guraan. La yaab ma leh in uu jacaylku adkaado, oo uu legdo labadaa dagaalyahan oo uu u tuuro sidii in ay yihiin balanbaallis ku dhex jirta saymaha holaca. Habeenkaa in door ah ka dib ayaa uu jirkii awood u yeeshay in uu milicsado ruuxdiisii oo uu mar kale soo ceshado, sida uu qalbiguba u karay in uu tooso oo qummanaantiisii la soo noqdo.

Mam iyo Taajuddiin waa ay soo baraarugeen, mise bartamaha habeen madow oo mugdi ah oo ay xiddigihii qarsoomeen ayaa ay dhulka biliqsan yihiin meel bahgooyo ah oo aanay carradeeda cagi marayn, cirkeedana shimbiri duulayn. Waxaa u wehlisay in illow iyo wareer ba'an ay dabooleen oo aanay waxba ka xusuusan wixii ku dhacay, aysan ogayn waxa dhulka bilqiyay iyo sababta ay halkaa u joogaan. Waxa ugu fog ee ay dareemi kareen waxaa ay ahayd wadnagaraac qalaad, jiirago' ku dhan, tabardarro guud, iyo iskudhexyaac xusuuseed oo ba'an.

Wax yar ka dib ayaa ay si dhib ah oo la ga dareemi karo iyo rafaad muuqda ay meesha ka ga kaceen si ay u qaadaan dhabbihii magaalada gayn lahaa oo lugjiid iyo daal fara badan ayaa ay ku gaareen dhismayaashii magaalada. Halkaa ayaa ay isku macsalaameeyeen oo ay guryahoodii ka la aadeen.

Maalin baa gudubtay, laba maalmood, ku dhawaad asbuuc, ayada oo Mam iyo Taajuddiin ay la rafaadsan yihiin xanuunno aan la aqoon oo ka sii dar mooyee aan ka soo rayn lahayn. Way kordhayeen, ma na aanay soo yaraanayn. Waxaa ay la dhibbanaayeen dareen si si ah oo aan la aqoon sababtiisa, fasirna aan loo hayn. Sida uu midib u dareemayo muuqa walxaha iyo bidhaanta dadkuna si cad ayaa ay sidii hore uga beddelnayd. Waxa uu midiba walxaha oo dhan ka dareemayay in uu ka cidloonayo, wixii uu uu dummi jiray oo dhanna waa uu ka noogayay. Waxaad moodaysaa in midiba ruuxdiisu ay gunta naftiisa ka baarayso wax ku qaali ahaa oo uu tebayo iyo xaqiiqo sare oo inta u bidhaantay ka luntay, laakiin se, shaygaasi maxay ayaa uu ahaa? Goormee ayaa uu se dareemay in uu tebayo? Waxaa oo dhan waxaa ay ahaayeen sir labadooda ka qarsoon oo ay hareeraheeda ku wareegaalaysanayaan, oo aysan furi karin. Dareenkaas qalaad iyo qarsoonaanta dareennadaas ayaa ka dhigtay in uu midiba iska dhawro in uu kan kale u sheegto, waxaa uu na caddayntiisa iyo qayaxiddiisaba ka dareemayay culays, oo waxaa la ga yaabaa in sheekadiisa qarsoon fasirkeeda iyo furdaaminteedu ay saaxiibkii dhinacyo badan la aaddo.

Laakiin se xanuunnadaa iyo dareemayaashaa noojinta badan ka ma aanay joogsan in ay muuqooda iyo xaaldahooda ka soo ifbaxdo. Waxaa ay si cad uga soo baxday muuqooda sii shiiqmayay, firfir-coonidooda soo gaabanaysay iyo fakarkoodii faraha badnaa. Taasi waxaa ay labadoodaba u sahashay qaabkii uu midib kan kale ugu sheegi lahaa arrinkiisa, oo ugu soo bandhigi lahaa waxa uu ka cabanayo iyo xanuunnadiisa, laakiin taasi waxba ka ma aanay tarin in wax uun xaqiiqada ka mid ah ay u caddaato ama ay fahmaan sirteeda qarsoon. Waxa keliya ee ay tartay waxaa ay ahayd in ay isa sabaaliyaan oo ay isla ogaadaan weheshiga ay dareemayaan walow aan la aqoon isha uu ka imanayo.

Xilli ay wada joogeen xilliyada ay isla keliyoobaan oo ka mid ahayd ayaa Taajuddiin uu gacanta Mam ku arkay fargashi ka samaysan jooharad dhif ah oo fartiisa ka wirqaya. Xoogaa buu ku dhaygagay, deetana waxa uu ku yiri 'waxaa ay ahayd in an kuu gu hambalyeeyo faraantigaan ashqaraarka badan, laakiin se maanta ka hor gacantaada ku ma arag e, goormee ayaad soo samaysatay? Mam waxa uu eegay farihiisii asaga oo aan waxba ka la socon waxa uu Taajuddiin sheegayo. Waxa uu booskii faraantigiisa ku arkay gobol jooharad qaali ah oo uusan hore u dareemin. Durba waa uu qabtay oo asaga oo wareer ba'ani uu qafaashay ayaa uu soo saaray. Si garanwaa iyo fajac ah ayaa ay ugu dhaygageen, waxaa ay na wax yar ka dib ku baraarugeen magaca Siin oo dhagaxaanta dheemmanka iyo yaaquudka loo gu naqshadeeyay xardhiddii ugu qurxoonayd.

Intii uusan Mam muujin sida uu ugu bogay faraantigaa uusan waxba ka garanayayn ayaa ay xaaladdu u waxyootay in uu eego farta Taajuddiiin oo uu ayana ku arkay faraanti sidaa oo kale loo gu xardhay magaca Siti. Waxaa mar kale ku soo degay wareerkii, waxaana korortay sirtii qarsoonayd oo ay ku sii biirtay in labadaan magac ee Siti iyo Siin ay ka sii anfariiriyeen ayada oo uusan midkoodna xusuusan cidda ay Siti iyo Siin yihiin. Kobtaan ayaa uu Mam madaxa kor u qaaday oo sidii qof qandhaysan uu u eegay Taajuddiin 'war ba'!, waa labadii faraanti ee amiiradaha. Labadii amiiradood ee jasiiradda. Amiir Sayn al-Diin walaalihii'. Haddana waxa uu midiba ku dhaygagay faraantiga gacanta ugu jira. Waxaa ay ku dhaygageen xaradhkiisa iyo biriqiisa yaabka leh oo u xaqiijisay in aanay ahayn cid aan amiirka walaalihiis ahayn. Biriqaas ifayay ayaa ay ka bilaabatay in sirtii qarsoonayd ay u faydanto oo ay u caddaato. Xusuustoodiina waxaa ay dib ugu noqotay tagtadii. Tagtadii ka maqnayd tan iyo ilbiriqsigaa.

Waxaa ay xusuusteen in maalintii ciidda guga ay isku dayeen in ay arkaan labadaan amiiradood laakiin se aanay middoodna ka arag wajiyadii iyo muuqaalladii dadka. Deetana waxaa ay xusuustay waqtigii soo noqoshada. Waxaa ay xusuusteen in ay markaas meel ka bidhaansadeen laba barbaar oo aan barbaarta u ekayn oo ashqaraarka iyo quruxda meesha ugu dambaysa ka jooga, ayna u soo dhawaadeen si ay u gartaan cidda ay yihiin. Halkaa ayaa ay xusuustoodii ku go'day, laakiin se shaki ka ma qabaan in wax aan dabiici ahayn ay barbaartaa awgood ugu dhaceen; suuxdintii habeenkaas ku xabbistay meesha bahgooyada ahna waxaa ay ahayd raadkii dhacdadaas, labadaan faraantina la huri mayo in ay habeenkaas u soo gacangaleen. Ugu dambayntiina waxaa ay kareen in ay xaqiiqsadaan in labadaa barbaar aanay ahayn cid aan labadii amiiradood ee ay baadigoobayeen ahayn, oo ay ayaguna u fakareen sidii ay ugu tashadeen ismaldahaadda iyo qarinta xaqiiqadooda. Labada faraanti miyaa? Ka ma aanay shakin in ay uga tageen oo ay kuwoodii uga beddesheen wax aan ka ahayn dareen qurxoon oo ay ugu yaraan isweydaarsadeen.

Markii uu faydmay daahii ku gudbanaa in ay fahmaan

xanuunnadii iyo dareennadii xulayay ayaa uu midiba dareemay raaxo iyo hinqasho xaalkoodii yara dejisay. Laakiin se durba dareenkoodii waxa uu ku yeeshay saamayn kala geddisan. Taajuddiin miyaa; waxa uu karay in uu ka xoog bato xanuunnadiisa, ilaa xadna uu ka firfircoonaado daalkii uu la rafaadsanaa. Waxaad mooddaaba in badi xanuunnadiisii ay ka imaanayeen sida arrinku uga indhasaabnaa ee uu uga qarsoonaa. Mam se, waxaa ay xaqiiqada daaha ka faydantay ay ku sii shidday dabkii ka baxayay, wadnaga- raaciisiina waa ay sii kordhisay oo waxaa ba moodaysaa in ruuxdiisu ay xilligaa ka hor ka habowsanayd jidka ay haatan ku toostay. In ay ka luntay shaqsigii ay u bogsanayd. Maanta se wax walba waa ay caddaadeen. Waxaa u bidhaantay ruuxdaa qofkeedii. In Alle iyo inta ay ka fog tahayna degganaani ka dheer. Jeer ay la kulantana ha ku sugin in aanay kacdoomin oo aanay isbaraanbarin.

Taajuddiin waxa uu Wajiga Mam ka dareemay murugada ka muuqata, inta uu u kacay ayaa uu garabka gacanta ka ga yara dhuftay oo uu ku yiri 'saaxiib i maqal, waxaa ku sii socoshada qaladka ka mid ah in aan nafaheenna u dhiibno isbaraanbarkaan oo kale. Haddii aan sidaa yeelnana natiijadu waxaa ay keliya noqonaysaa in ay saamaynteedu ina ku weynaato oo uu culayskeeduna ina ku sii bato. Shakina ku ma jiro in labadeenna oo kale aanay waxaasi u cuntamin. Labadeennuba waxaa aynu degaankaan caan ka ga nahay ad-adayg iyo dhiirranaan, dadka jasiiraddaan oo dhanna waxaa ay ina ku yaqaannaan geesiinno, kal-adayg, iyo dagaalyahannimo, Waxaan aan la rafaadsannahay haddii ay dadku berri ogaadaan sidee ayaa ay sumacddeennu noqonaysaa? Haddii ay dadku sheekadeenna isgaarsiiyaan maxaa ina heli doona, sidee ayaa ayse innaga oo ah laba kalyo-adag, geesiyaal oo dagaalyahanno ah ay hubka iyo awoodda laba gabdhood ay kalyo-adaygnimadeennu garabkeenna uga ga baxaysaa, geesinnimadeennu ay ugu hoobanaysaa, oo ay dagaalyahh- nimadeennuna ugu burburaysaa? Aynu ka kacno nooggaan gogoshiisa, aynuna iska furno go'a xanuunsashada ismoodsiiska ah ee aynu ku daboolnay nafteenna, aynuna xusuusanno in aynu rag halis ah nahay. Suuragal ma aha in tabarxumadu ay nafaheenna meelna ka soo gasho'.

Laakiin Mam ka ma aanay muuqan in uu wax uun ka weelaynayo waxa uu Taajuddiin leeyahay, wayna iska caddayd in uu la dhibban yahay xanuunno ba'an oo ka muuqday wadnagaraaciisa aan qarsoonayn iyo indhihiisa qoyan. Magaca keliya ee uu ku celcelinayo waxa uu ahaa 'Siin', waxa keliya ee uu ku baraarugsan yahayna waxa uu ahaa faraantiga gacantiisa ku jira, oo mar waa uu ku dhaygagayay, mar kalana waa uu dhunkanayay, oo bushintiisa ayaa uu ku hayn jiray.

Ugu dambayntii ayaa uu eegay Taajuddiin oo waxa uu ku yiri: 'walaal, qofka aad hadda la hadlaysay ma aha kii aad taqaannay. Maanta waa qof kale. Ha iga baarbaarin waxa aad ku magacaabaysid dagaalyahannimo, adkaysi badan, iyo kalyo-adayg. Dhabtii, Ilaah baan ku dhaartaye, giddigoodba waayay. Qofka aad maanta ujeeddid waa uun jir jilcay oo uu xanuunkuna kaga fiday bar walba. Waa qalbi huraya oo ay ka karkarayso dab aadan shiddadeeda garanayn. Raaxada, tamarta, adkaysiga, iyo sabirka miyaa? Waa ay dhammaatay xiriirkii ay la lahaayeen xubnahayga iyo jirkayga oo idil e, i daa aan ugu yaraan soodhaweeyo qaddarkayga haddiiba aadan dareemayn wax uun aad iigu cudurdaartid.

Taajuddiin judhii uu sidaa u maqlay erayadaan waxa uu hubsaday in arrintu ay ka tallowday xaalad ay waanada iyo hanuunintu wax taraan. Waxaa dareemmadiisa oo dhan ku milmay turriimo daran oo uu u qaaday, in uu aammuso ma ahee wax kale na waa uu kari waayay.

☙

DUQDII QASRIGA

*I*mminkana aan ka tagno sheekada Mam iyo Taajuddiin oo aan ku noqonno qasrigii, aynuna soo ogaanno wixii ina ka dahsoomay arrintii Siti iyo Siin ee habeenkaas qasriga ku noqday, ku na guulaystay in ay galaan ayada oo aanay cidina ku baraarugin xaqiiqadooda, aysan cidina ka shakin xijaabkooda iyo in ay yihiin qaar ka mid ah addoommadii qurxoonaa ee qasriga. Judhii ay iska bixiyeen dharkii ay isku qariyeen ee ay u fariisteen in ay ka nastaan daalkoodii maanta ayaa waxaa ku bilowday in ay midiba dareento werwer iyo isbaraanbar nafeeda oo ka muuqda, ma na aanay garanayn sirta ka dambaysa werwerkaas wax aan ka ahayn in ay la xiriirto labadii gabdhood ee ay arrintii yaabka lahayd ku dhacday, muuqooduna uu tabtiisii ahaa ayaga oo sidaa u anfariirsan, wejigana ku leh summaddii quruxda ee lagu dheehay astaanta deggannaanta. Waxaa arrintaa isu garabsanayay dhawr sababood. Qaarkood waxaa ay ahaayeen ugubnimada wixii ku dhacay, qaar kale waxaa ay ahayd u hanqaltaagiddooda ogaanshaha cidda ay dhab ahaan yihiin, in kale na waxaa ay ahayd dareenka garanwaaga ah ee ay labadaa jaariyadood u qaadeen ee leh naxariis, ka helid, maya e jacayl sii kordhaya oo sii xoogaysanaya ayada oo ay weliba jirto in sida ay moodayaanba ay ahaayeen laba gabdhood oo ayaga oo kale ah. Sidaa ayaa uu si tartiibtartiib ah fakarkii u la dheelmaday

43

mid walba khayaaligeeda, waxaa ayna dareennadaasi bilaabeen in
ay qabsadaan qalbigooda jeer ay iska ga cidloodaan qololka qasriga
ama dhinacyadiisa qaarkood ayaga oo hoos arrintaan uga wada
hadlaya, isu na sheegaya waxa midba gunta hoose ee nafteeda ka
guuxaya.

Laakiin se sidaa oo ay tahay, dadkii qasriga ku noolaa ku ma
aanay baraarugin arrintaan marka la ga reebo duq la oran jiray
Haylaana. Waxaa ay ahayd habar da' noqotay, laakiin se xagga
dhagarta waa ay ka ga xoog badnayd waayaha. Kaduudyada
wajigeedu waa ay duuduubmeen, muuqeeduna waa uu shiiqmay
balse caqligeedu waxa uu ahaa barbaar cartamaya. Waxaa duqda
xulay dareen ah in xaalad degdeg ah ay qasriga ku soo biirtay tan
iyo maalintii ay dadku u baxeen ciiddii guga. Waxaa ay u hawlgashay
in ay dusha ka la socoto horumarka ay xaaladdaasi ku samaynayso
labadooda ee aanay raagin jeer ay ka soo muuqatay in badan oo
arrimahooda iyo xaaldahooda ka mid ah.

Waabberiga maalin uun ayaa ay ka idansatay in ay u soo gasho,
waxaa ayna u timid ayaga oo foorara oo anfariirsan, fakarkuna uu
dhan walba ka ga yimid. Waxaa wajiyadooda ka muuqday
calaamadaha wareerka iyo tiiraanyada. Way u soo dhawaatay,
waxaa ayna jilbajoogsatay meel u dhaw, deetana waxaa ay ku tiri:

'idamalla, aan ruuxdayda idiin huro labadayda amiiradoodeey,
Ilaahayna ha idin ilaaliyee, waxaad tihiin aadanaha il walba, mirta
hilowga ee qalbi kasta e, waxaa la ii sawirayaa in qasrigaan uu ka
basaasay dhalaalkiisii, hareerihiisana ay ka qarsoomeen badi
wehelkii lagu yaqaannay tan iyo maalintii aad aaddeen xafladdii
guga, deetana aad la soo laabateen culaabtaan foorarka, fikirka iyo
shiiqidda ah. Ma la ii oggol yahay in aan idin weydiiyo sirta ay soo
noqoshadiinnu qarisay ama khamrada sababta u noqotay
anfariirkiinna? Laga yaabee in aan karo in aan idin ku caawiyo
wixii idin ku adkaada ama aan agaasinkayga iyo sixirkayga u
adeegsado haddii uu qarsoon yahay'.

Siti iyo Siin waa ay is eegeen, sidii oo ay ka tashanayaan in ay
arrinta u sheegaan. Deetana middood baa tiri:

'waxa dhacay oo dhan waa in sida ay u eg tahayba maalintaas ay na heleen laabciriiri iyo walbahaar aannaan sababtiisa aqoon, waxaana la moodaa in wax yar oo raadkeedii ka mid ahna uu weli na jibaaxayo'.

Haylaana way garatay in ay isku dayayaan in ay arrinta ka qariyaan. Waxaa ay taasina ku riixday in ay arrinka u malayso jacayl ama caashaq ay maalintaas iniintiisii beerantay, oo dee in badan bay dhacdaa in ay si lamafilaan ah isu arkaan barbaarta iyo gashaantimuhu oo ay isdhaafsadaan milicsiga muuqaallada ilqabadka iyo quruxda leh, ayna ka unkanto isbarasho iyo xiriir. Way u soo dhawaatay oo waxaa ay hadal ka bilowday:

'amiiradahaygoow, waxaa ay u eg tahay in aydaan weli aqoonsan heerka ay gaarsiisan tahay indhadaraandarka iyo quruxda uu Ilaahay idin siiyay iyo in aad joogtaan carshi ay dunida ku adkaatay in ay soo hesho cid idiin dhiganta. Haddii se aad aqoonsan lahaydeen waxaad garwaaqsan lahaydeen in qurux walba oo jasiiraddaan ku dhaqan ay khusuucayso oo marka ay idin hor taagan tahayna ay isugodayso jeer aad daraaddii wareer ku riddaan oo deetana aad qalbiyada gubtaan. Haddaba, maad iiga warrantaan si aad u garataan qaabkii uu idiin ku iman lahaa asaga oo maxbuus u ah dabarrada jacaylka, una dullaysay awoodda sixirkaan?'

Siti ayaa ugu jawaabtay: habaryar, waxaan aad u malaynaysid ma aha sababta ka dambaysa wareerkayaga. Sababtu waa uun wax kale. Waan jeclaan lahayn in aan kuu caddayno oo aan kuu sharraxno si aad ugu dawaysid maskaxbadnidaada iyo agaasinkaaga. Laakiin waa halxiraale. Halxiraale dhan walba ka qafilan oo aannaan waxba ka fahmin. Waxa keliya ee aan awoodno waa in aan kaaga sheekayno dhacdadii iyo wixii aannu aragnay'.

Halkaa markii hadal marayay ayaa ay duqdii fadhiga isku ka la bixisay, waxaa ayna wajiga ujeedisay dhanka Siti ka dib markii ay gacanta dhabanka saaratay ayada oo leh 'inantaydiyaay, ii mari sheekada. Haddii Alle idmo, waa khasab in sirteeda la kashifo, halxiraalaheedana la furo'.

Sitina sheekadii ayaa ay halkaa uga bilowday oo waxaa ay tiri:

'xilli aannu maalintaas-maalintii guga, soconanyo beeraha dhexdooda ayaa waxaanu kedis ku argnay labo quruxleey oo dabacsanidooda iyo quruxdooda oo kale aannaan arag oo na gu soo socda ayaga oo kurbaysan oo turaanturroonaya. Markii ay na gu soo dhawaadeen ayaa waxaa daftay dabayl anfariir daran ah oo dhulka ku legedday. Waan u dhawaannay si aan muuqooda u aragno oo aan u ogaanno waxa ay yihiin. Laakiin se waxba waan ka fahmi waynay, waxaa ay u muuqdeen in dharkooda iyo muuqaalkooduba aanay islahayn. In door ah ayaan ayaga oo suuxsan muuqooda dul taagnayn, waxaana middaayaba ku jibaaxay saamayn ba'an oo ay ka qaadday, waxaannuna dareennay laba ruux oo si degdeg ah qalbigayaga ugu wareegacaddaysay deetana guntiisa saldhigatay; oo waa kan oo ay qalbiyadannadii ay la ruxmayaan macnayaal badan oo qaarkood ay naxariis iyo jacayl yihiin. Habo, waxaa ay u ekaayeen sidii labada koob ee saafiga ah ee ugu xeeldheer xitaa haddii aannu nahay khamarada ka dhex wirqaysa, maya e waxa ay ahaayeen labada faynuus ee ifaya ee ugu qurxoon xitaa haddii aannu nahay ifka fatiiladdiisa ka baxaya. Maya e, waxaa ay u qaab ekaayeen labada muraayadood ee ugu dhalaal iyo wirqid badan walow aannuba ahaanno qorraxda ay ka ifayaan. Deetana waxannu ka ga soo tagnay ayaga oo tabtoodii ah, waannuna iska soconnay annaga oo aan ogaan waxa ay yihiin. Taasi ha ba joogtee, waan ka la garan waynay in ay taasi ahayd xaqiiqo ay indhahaygu arkeen ama riyo riyooyinka dabeecada middood ay khamradeedu noo sawirtay?'

Duqdii cabbaar ayaa ay inta madaxa foorarisay ay dhulka ku dhaygagtay ayada oo la irkigsan waxa ay maqashay, deetana waa ay fiirisay oo waxaa ay tiri:

'maya, amiiraddayda yareey, waxaan u malaynayaa in sida aad tiriba ay taasi ka mid ahayd riyooyinka dabeecada. In taasi ahayd xaqiiqo aad indhaha saarteen iyo in uu si dhab ah qalbigiinnu buuradkaa barbaarta iyo gashaantimaha ah uga ga dhegay labadaa jaariyadood ee aan la garanayn, waa arrin mustaxiil ah ama la ga yaabee in sida aad sheegaysaanba ay dhacday laakiin waxaad isjeclaysiiseen in aad dhashaan ilmo labadaa gabdhood la mid ah e, ma aha in aad u qaaddeen jacayl aydaan ragga u qaadin.

Inantaydaay, yaa rumaysanaya in quruxda haweenaydu ay buuxsamayso haddii uusan ninku ahayn muraayadda quruxdaas, yaa se rumaysanaya in quruxda ninku ay macno yeelanayso haddii aanay haweenaydu macnahaas u samaynayn? Quruxdii Leyla indhadaraandarka indhasarcaadkeedii ma cid aan waalanaheedii ahayn baa xaqiijiyay? Quruxdii Shiiriin miyaa ay suuroobi lahayd in ay dunida ka wiriqdo haddii uusan ifiyeen Taajkii Khisroo iyo saldanaddiisu? Ma cid maqashay baase dadka ku jirta in in Ubaxa Suhra uu caashaqay dhalaalka ama se in uu Bulbul ka ciyay buulasha Bulbullada? Waa maya, amiiradahayga quruxda badanoow. Waxaan aad sheegaysaan ma aha wax aan ka ahayn ismoodsiis khayaaliga iyo riyo riyooyinka ka mid ah. Ismoodsiiska iyo riyada ha u furinnina jid uu qalbigiinna ka soo galo'.

Siin ayaa hadalka boobtay oo tiri:

'laakiin waxaad noo sheegtay in agaasinka, go'aanka iyo maskaxda aad leedahay aad ku awooddid in aad kashifitid halxiraale walba oo qarsoon. Wax uun ka mid ah maad u adeegsatid halxiraalahaan furiddiisa. Mise waxaa ay u eg tahay in kalyo-adayg-gaagii uu dabcay oo uu da' noqday, waxna aanay haatan tarayn. Laakiin, in sheekadayadu ay khayaali ama ismoodsiis tahay, ma aha sidaa. Ilaahay baan ku dhaartaye, ma aha wax aan ka ahayn xaqiiqo aan indhaha saarnay. Jacaylka labadaa gabdhood waxa uu galay moolka qalbiyadannada. Waana isugu kaaya mid haddii ay dhab ahaantii yihiin laba malag ama laba sheydaan ama laba dumar ah, oo waxaannu haysannaa xujo xoojinaysa in waxa aannu aragnay uu dhab yahay ee uusan dhayal ahayn. Waa kuwaan labadii faraanti ee aannu markaas gacmahooda ka siibnay si ay noo ga caawiso raadintooda'.

Labadii faraanti ayaa ay doontay oo ay u soo tuurtay, duqdiina inta ay qaadday ayaa ay ku dhaygagtay oo ay daymootay qaabkooda, deetana madaxa ayaa ay inta ruxday tiri: 'hadda ayaan fahmi karaa waxa aad leedihiin. Waxaan awoodaa in aan idin ku dhaho waxa aan helay faraqyadii sirtaan aan la hurayn in daaha la ga faydo. Laakiin se waxaanan ka maarmayn muddo in aan u qaato, labada faraanti in ay ila sii jiraanna ka fursan mayso'. Way ka yeeleen, waxaa ayna ku shardiyeen in ay si adag u ilaaliso, arrintana ay si buuxda cid walba uga qariso.

Waxaa ay ka kacday halkii ay fadhiday ka dib markii ay siiyeen xoolo buuran, ayna u ballanqaadeen in kale marka ay shaqadeeda ku guulaysato. Muddo badanna la ga ma joogin markii ay duqdii u tagtay oday gaboobay oo jasiiradda qaybaheeda middood joogay, noloshiisana ku dhammaystay aqoonta xarfaha iyo xisaabtooda, waxaa ayna u kaashtay hal diinaar. Waa ay fariisatay oo waxaa ay ku tiri:

'waxaa ii jooga laba ilmood oo agoommo ah, waana himilada keliya ee nolosha iiga hartay. Waxaa ay carruurnimadu ku qaadday in ay maalintii ciidda guga dadka u raacaan bahgooyada ayaga oo caadi ah, oo caqliga iyo garashadana halka ugu fiican ka jooga. Markii uu habeenku dumayna waxaa ay guriga ku soo laabteen ayaga oo basaasan, dharkoodii soo jeexjeexmeen, anfariirsan, aan lahayn baraarug iyo dareen, yaabban oo aad mooddid in madaxa la ga galay. Oday, ilaa waqtigaan sidoodii ayaa ay yaab u leeyihiin, wax aan ku fasirana fahmi waayay. Waxaan kuu keenay laba faraanti oo ay haystaan, maalintaa ka horna aanan gacmahooda ku arkin-sida aan isleeyahayna waxaa ku jirta sirta ka dambaysa khamrada caqliga ka qaadday ee sidaan u wareerisay, si aad ugu kaashato awoodda aad u adeegsanaysid furdaaminta xaaladda labadaan ilmood iyo caddaynta xaqiiqada beladaan ku habstay in ay tahay jin dardaray iyo waalli ama se khamro iyo caashaq ama se wax kale? Taasi waa lambarsireed aan kuu soo baasay e, odayahow faham. Waxaa meeshaa jira sir ku duugan labadaan faraantiye, faham. Waxaa ku gu filan in aad igu toosisid ciddii iska lahayd, aadna iiga warrantid bal in ay yihiin laba malag oo cirka duulaya ama sheydaan toddobada dhul ka hooseeya ama dad sideenna oo kale arlada dusheeda ku soconaya?'.

Odaygii waxa uu qaatay labadii faraanti, deetana waxa uu ku

foorarsaday buugaagtiisii iyo xisaabihiisii. Mar waxa uu ku mashquulayay xisaabta iyo isku aadaaddinteeda, marna foorarsi iyo fakar. Wax yar ka dib ayaa uu odaygii madaxa kor u qaaday, waxa uuna ku eegay laba indhood oo basbeelay, hareerahoodu duuduubmeen, waxa uuna ku yiri: 'waxaan oo been iyo malmaluuqid ah miyaa la gu khasbanaa habar yahay dhagarta badan? Waxaad ku sheegaysaa labadaadii ilmood ee agoomaha ahaaye, maad ka run sheegtid oo dhahdid labada jooharadood ee mar la aragga ahaa iyo labadii quruxleey ee dhifta ahaa? Waxaad leedahay suuxdin....jin dardaray..waalli. Maad caddaysid xaqiiqadeeda ah in ay ruuxi ruux dardartay iyo qalbi mid ka le ku xirmay? Labadaan faraanti cidda iska leh se, ma ay aha laba malag oo cirka jira, ma na aha sheydaammmo jinka ka mid ah, laakiin se waa laba barbaar oo caddiban, qalibigoodiina uu tan iyo maalinkaa isaga ah ku daba lumay labadaan quruxlay ee aad ku sheegaysid labadaadii ilmooda'.

Madaxa ayaa uu ruxay asaga oo hoos u foorarinaya oo leh 'shaki ku ma jiro'.

Kolkaa ayaa ay duqdii u soo dhawaatay oo waxaa ay ku tiri: 'laakiin se waxaan doonayaa in aan dadka ka aqoonsado? Sidee se ku helayaa? Odayhow ii sheeg oo ii caddee, waxaan kuu hayaa wax ka badan waxa aad doonaysid haddii aad daaha ka faydid ama igu toosi jihada ay jiraan iyo halka ay joogaan'.

Waxa uu ku yiri: 'qaab middaan lagu fahmo ma ay jirto. Waxa aan kaaga warramay waxa ka shisheeya oo dhan la gu ma faragashan karo qiyaas iyo male mooyaane. Laakiin se waxaan awoodaa in aan ku gu duwo xeelad la ga yaabo in aad ugu dhaadhacdid aqoonsigooda iyo la kulankooda. Waxa weeyaan in aad dhaqaajisid adiga oo u qaab eg dhaqtar xirfadlay ah, aadna ku meeraysatid daafaha jasiiradda iyo guryaheeda, indhaha dadkana aad ugu soo jiidatid si reer magaalnimo iyo xeeldheeri ah in aad khibrad u leedahay xanuunnada nafsiga ah iyo kuwa jirka ee ka la duwan, iyo in aad haysid wadiiqooyin ka la duwan oo aad ku baari kartid xanuunnadaan, aad ku na daweyn kartid. Shaki ku ma jiro in labadaan barbaar ay maanta caddiban yihiin, caadna ma saarna in ay maqli doonaan arrintaada oo ay kuu gu yeeran doonaan si aad xaaladdooda u dhugtid oo aad arrinkooda u dawaysid.

Duqdii waa ay u bogtay taladaan, waxaa ayna siisay diinaar kale. Waa ay u mahadnaqday, oo ka tagtay.

ଔ

DHAQTARAD SADCAAL AH

Duqdii Haylaana ku ma aanay laaban qasrigii ka dib markii ay odayga ka tagtay e, waxaa ay durba bilowday diyaarinta qaabkii ay ku noqon lahayd dhaqtarad. Xoogaa ka dibna waxaa ay yeelatay muuq cusub iyo qaab noocnooc kale ah. Waxaa ay dharkeedii ka dul xiratay go' weyn oo ballaaran oo xagga hore ka furan, waxaana hoostiisa ka muuqday boorsooyinka ay dhinacyadeeda ku xirtay ee ay qaarkood ka buuxisay dhalooyin iyo dawooyin, qaarka kalana ay ku cubtay sakiimaha iyo biraha dhaqtarka ee kala duwan ee ka mid ah wax walba oo uu dhaqtar u baahan yahay. Deetana way itoosisay, waxaa ayna ku wareegaalaysatay xaafadaha. Meelaha la fariisto iyo guryaha ayaa ay beegsanaysay, waxaa ayna dhegaysan jirtay warka bukaankii dhulyaal ah ama qof xanuunsanaya oo jirran, si ay u aaddo oo ay ugu deeqdo daweyntiisa iyo sabaalintiisa.

Sidaa ayaa ay ku bilowday in qaabka ugu dhagarbadan ay dadka ka ga dhaadhiciso heerka ay gaarsiisan tahay ee ah ku xeeldheeraanteeda caafimaadka noocyadiisa ka la duwan. Muddaba ka ma aanay soo wareegin markii magaceedu uu jasiiradda oo dhan gaaray, dadkuna ay isu sheegsheegeen in duq socdaal ah ay jasiiradda timid, ayna xirfad sarraysa ku dawaynayso xanuunnada iyo jirrooyinka kala duwan. Mam iyo Taajuddiin xaaladdoodu markaa waa ay ka sii liidatay sidii markii hore, oo midiba waxa uu u dhacnaa fikrado iyo

51

xanuunno isadaba haysta oo sababtay in ay ku soo jeediso ehelkooda, maya e, asxaabtooda, laakiin se waa ayada oo aanay cidina ogaannin xaqiiqada arrinkooda ama aanay waxba ka garanayn waxa ku dhacay.

Sida dhabta ahna xanuunnadaas iyo fikradahaas meesha ay ka dhalanayaan isku mid ma aanay ahayn marka labadooda la eego, in ay sidaa tahay iska daaye, aad bay u kala duwanaayeen. Mam waxaa sabab ugu ahayd waa ku dhegganaantiisa kordhaysa iyo jacaylkiisa isa soo taraya. Ma saldhiganayn, dhinacana dhulka ma uusan dhigin tan iyo maalintii uu aqoonsaday in qofka uu agteeda garashadiisii ku lumiyayay ay tahay amiiraddii jasiiradda. Tan iyo maalintii uu bilaabay in uu ka fakaro sida inantaa aadka u qurxoon ay ugu turtay qalbigiisa, ayna ugu debecday xaaladdiisa ee ay uga tagtay faraantigeeda si uu ifkiisu u matalo dhoollabiraynteeda marka muuqeedu uu ka qarsoomo iyo in marka uu qalbigiisu hurayo uu u galo booskeedii sabaalintiisa. Fakarkaasi waxa uu isu beddelayay dab mindhicirkiisa ka shidan oo karkarinaya dareenkiisa iyo daree-mayaashiisa. Waxaa kordhayay kacdoonka ay xanuunnadaani naftiisa ku hayaan markii uu u fariisto si uu uga fakaro qofka uu yahay iyo heerkiisa hoose ee ka dhigaya qof aan gayin in uu amiir Sayn al-Diin uu ugu gole fariisto walaashii. Taasi ha ba joogtee, caqligal ma aha in uu amiirku asaga oo kale la xidido inta uu dhaafo golihiisa iyo wasiirradiisa ka la duwan. Waxaa ay taasi xanuunnadiisa u kordhinaysay kharaarka quusta, waxaa ayna badaysay hinraag dheer oo ay laabtu la dillaaci rabto.

Taajuddiin se, si walba oo uu qalbigiisu ugu dhegay faraantiga gacantiisa ku jira qoftii lahayd, dareenkiisuna uu xaggeeda si buuxda ugu janjeersamay, haddana la ma uusan dhibbanayn xanuunnada Mam iyo kacdoonnadiisa nafeed oo kale. Waxaa ay u eg tahay in sababtu ay ahayd in uu himilo ka qabay sidii uu ku gaari lahaa, shakina ka ga ma jirin in uusan amiirku ka labalabayn doonin in uu la xididio, oo waa wiilkii ra'iisulwasaaraha, waana mid ka mid ah saddex walaal oo uu amiirku duruufo iyo xaalado badanba ku tiirsan yahay, amiirka laf ahaantiisuna waa uu dareensan yahay in ay dantiisu ku jirto in uu karaameeyo oo uu soo dhawaysto.

Laakiin se Taajuddiin waxa uu la dhibban yahay fikrado kale oo xanuujinaya, dareennadiisana si ba'an u daaliyay, oo uu jidbixin waayay! Waxa uu Mam sida aan sheegnayba ahaa qofka ay dadka oo dhan isugu dhaw yihiin, qalbigiisana ku lahaa booska walaal la hooyo iyo aabbe ah, maya e ka sii sarreeyay oo ka sii weynaa. Laakiin se ka ma aanay qarsoonayn hilowgiisa iyo hurkiisu, oo inta uu meel fariisto ayaa uu ka fakari jiray sida mansabkiisa xoghayaha goluhu aanay u gayaysiinayn in uu amiirka ugu gole fariisto walaashii. Laakiin se suuragal ma aha in uu ku raaxaysto wixii uu doonayay, wadaygiisa keliya ee uu leeyahayna uu ka dhaqaajiyo asaga oo dabkiisa ku gedgeddoommaya. Haddaba, maxaa qorshe iyo hawl ah! Ma waxa uu saaxiibkii u huraa qalbigiisa iyo farxaddiisa oo waa uu garab istaagaaa si uu u sabaaliyo oo uu dhibtana u la qaybsado? Mise waxa uu raadiyaa jid ay ku suuroobayso in ay labadooduba ku gaaraan himilada ay doonayaan? Laakiin, sidee la gu helayaa jidkaan qarsoon ee qodxaha badan? Sidaa ayaa ay labadii saaxiib ku noqdeen muuqaalka werwerka iyo fakarka joogtada ah ee ka dhigay udubdhexaadka fakarka ehelada iyo qaraabada oo ku wareeray waxa haysta.

Habeen uun, xilli Mam iyo Taajuddiin ay fadhiyaan hoolka martida ee guriga Taajuddiin iyo walaalihi, ayna la joogaan koox ehel iyo asxaab la cawaynaya ah ayaa waxaa soo hormartay dhaqatarad waayeel ah oo salaantay. Magaceeda hore ayaa ay u maqleen, waxaa ayna badidood ku sheekaysteen in ay u yeeraan si ay ugu soo bandhigaan xaaladda Mam iyo Taajuddiin. Salaantii ayaa ay ka qaadeen, waxaa ayna ka codsadeen in ay xoogaa la fariisato. Markii ay saldhigatay ayaa uu Caarif weydiiyay: habaryar, halkee ka timid, maxaad se ahayd?

Waxaa ay tiri: tuulo yar oo buurtaa ka dambaysa, xoogaa yarna ka durugsan, waxaana ahay dhaqtarad daafaha dalka u kala gooshta si aan bukaannada ugu gargaaro, arrimahoodana aan u daweeyo'.

Xanuunnadee dawaysaa?

Sida dhabta ah, waxaan caan ku ahay dawaynta xanuunnada nafsiga ah iyo rooxaanta oo qur ah, laakiin se khibraddayda dheer awgeed waxaan awoodaa in aan daweeyo xanuunnada kale ee jirka.

Goor uu hadalkii halkaa marayo ayaa Taajuddiin oo gees yara fog fadhiya uu ka ga naxsaday: xanuunnada rooxaanta maxaad islaan yahay ka taqaannaa?

Duqdii ayaa dhugatay xaggiisa oo labadeedii indhood ee daciifka ahaa ku eegtay sidii oo ay doonayso in ay aqoonsato ruuxa weydiinaya ruuxda iyo jirrooyinkeeda.

Deetana ayada oo ka shakisan in uu labadii ay goobaysay midkood yahay ayaa ay ku tiri: wiilkayoow, waxaan xanuunnadaan ka aqaannaa noocyo badan oo aan dad farabadan ka daweeyay, Ilaahay ha kaa hayee, ma wax uun rooxaan ah baad ka cabanaysaa?

Intii uusan Taajuddiin u jawaabin ayaa waxaa hadalkii boobay Mam oo ku yiri: xanuunnadaas noocee ugu daran, habo? Ma se noo sifayn kartaa oo nooga sheekayn kartaa?

Waa ay eegtay ayada oo uu shakigii ku sii xoogaystay, malaheeduna u batay in ay hor taagan tahay baadidii ay goobaysay. Si ba'an ayaa ay u neeftuurtay, waxaa ayna tiri:

'waxaa noocyada xanuunnadaadaan ugu daran wiilkayoow-Ilaa-hay ha kaa dhawree, nooc indhaha ka soo guureeya, indhahana sii dhex mara, deetana qalbiga meel ka dega. Bilowgiisa hore waa argagax dareen, wadnagaraac, iyo wajiga calaamadihiisa oo midabbo yeesha, markii uu koro ee uu barbaarana waa hillaac ifkiisu mindhicirka huriyo, dhinacyadu ay dabkiisa aan holaca lahayn ku gubtaan, laabtuna holaciis aan dhimbilaha lahayn ay ku bislaanayso. Markii uu xasilo ee uu saldhigana waxa uu rudaa oo uu dilaa gunta qalbiga, wuu dhaawacaa sakiin la'aan, waran la'aanna wuu soo fujiyaa. Halkaa marka xaal joogo ayaa uu dhiiggiisu asaga oo burqanaya indhaha ka soo dareeraa, jirkuna waxa uu ku riiqmaa dheriga mindhicirka iyo hinraagga laabta laba dhexdooda. Markii halkaa la gaarana dhaqtar iyo dawadi tari mayaan, ruuxdu in ay isbahaysato iyo in dabku ku joogsado qabowga xiriirinta wax aan ahaynina   wax   tari   mayaan'.

Duqdii cabbaar ayaa ay aammustay oo waxaa ay milicsatay hinraag xoog badan oo ka soo gurxamaya laabta Mam ee celin waayay illintiisa iyo huruudoobid ba'an oo ka muuqata wajiga Taajuddiin oo asaga oo irkigsan madaxa foorariyay. Waxaa ay u jeesatay dadkii kale ee madasha fadhiyay oo ay kaduudyada wajigoodu khushuuceen, ayna dhex gashay turriimo ba'an oo ay u muujinayaan labadaa miskiin ee aanay shaki dambe ka qabin in ay yihiin qurbaankii labada amiiradood ee maalintii ay taariikhdeedu ina weydaaratay.

Dabeetana waxaa ay ka kacday booskeedii oo waxaa ay beegsatay geeskii ay fadhiyeen, labada garab ayaa ayna gacanteedii tartiib taataabsiisay ayada oo leh: 'waa shaki la' in aad wiilashaydiyow la dhibban tihiin wax idin rafaadiyay ama xanuun noocaan oo kale ah, laakiin se dhib ma leh oo dawadiinnii aniga ayaa haya'. Goob-joogayaashii kale ayaa ay inta ujeesatay ku tiri: ka fursan mayso in arrinta labadaan wiil la wiisiteeyo, waxaana khasab ah in hawshaasi meel cidlo ah ay ku qabsoonto e, ma idin ka codsan karaa in aad ii oggolaataan'.

In yar ka dib qolkii cidlo ayaa uu noqday marka laga reebo labadii bukaan iyo dhaqtaraddoodii oo indhaha la raacday ayada oo hadba dhan ka eegaysa, aragatyna in ay yihiin laba barbaar oo yaabkood leh oo aan weli bilowga cimrigoodii dhaafin. Waxaa labadaba bidhaantooda ka muuqatay dhammaan macnayaasha milgaha iyo maamuuska oo ay la jirto muuqooda quruxda iyo ashqaararka ah si walba oo ay kaduudyada wajigoodu ugu dharoobmeen muuqaallada murugada iyo niyadjabka. Ka dib markii ay gudagashay sabaalintooda si ay ugu riixdo in ay ka warramaan xaalkooda iyo qisadooda ayaa ay dhoollabiraysay ayada oo leh:

'niyadda kheyr u sheega wiilashaydiyow, waxaadna ku laabqa-bowdaan-Ilaahay baan ku dhaartaye, in aanan ahayn wax aan ka ahayn ergay ay labadii amiiradood ee Buudaan ay idiin soo direen si aan dhibta idiin ka khafiifiyo ee aan dhaawiciinnana u sabaaliyo. Waa kuwaanaa faraantiyadiinnii'.

Judhii ay duqdu hadalkaan tiri ee ay faraantiyadiina u soo taagtay ayaa ay hawadu la heehaabtay labadoodii, waxaana daboo shay mowjad aragagax daran ah oo uu Mam awoodi waayay in uu sii hor taagnaado, oo waa kan oo sidii cunug yar isku tuuray dhabteeda oo

dhunkanaya faraqeeda, xubnaheedana isku marmaraya asaga oo aan
is ogayn, halka uu Taajuddiinna muddoo asaga oo anfariirsan uu ku
dhaygagay duqda asaga oo aan hadli karin, farna dhaqaajin karin.

Duqdii se judhii ay sidaa u aragtay muuqoodaas iyo sida
xaalkeedu noqday ayaa ay dartood turriimo ba'ani u xushay,
qalbigeediina waxa uu qulqulay gacaltooyo iyo naxariis, labadooda
midig inta ay qabatay ayaa ay ku tiri: waxaan oo hammi iyo murug
ah wax keenaya ma jiraan. Allaha la caabudo xaqiisa ayaan ku
dhaartay e, in Alle iyo intii ay waafajintu ila socoto idin ka ma tegi
doono jeer aan midkiinba gaarsiiyo himiladiisa iyo jacaylkiisa,
geeridayduna xalaal maaha jeer aan arko afartiinna oo kulmay oo ay
idin haraysay barwaaqada xiriirku. Si aan hawsha hadda u bilaabana
la idin ka ma rabo wax aan ka ahayn in uu midkiinba ii sheego
magaciisa, arrimihiisa iyo heerka uu jasiiradda ka joogo. Sidaa oo
kalana waxaan idin ka rejayanayaa maadaama aan faraantiyadiinnii
idiin keenay in aad labadaan faraantina ii dhiibtaan si aan ugu celiyo
ciddii lahayd, aan isaga na ilaalinno fashalka. Wax badan idin ka ma
maqnaan doono, waana lamahuraan in aan kol dhow jawaab idiin
keeno.

Waxaa ifay kaduudyada wajiga Taajuddiin. Waa uu kacay oo
waxa uu u dhiibay faraantigii Siti ka dib markii uu u sheegay
magaciisa iyo arrinkiisa. Mam se cabbaar ayaa uu madaxa foorariyay,
deetana waxa uu duqdii ku yiri:

'waxaan filayaa marwooy, in aad ii cudurdaaraysid haddii aan ku
iraahdo ma awoodo waxa aad doonaysid in aan ku siiyo. Waxaa laga
yaabaa in aad i rumaysanaysid haddii aan ku iraahdo faraantigaan
aan haysto waa waxa keliya ee maanta ka sii harsan ruuxdayda
labadayda dhinac ka ruxmaysa. Yaa awooda in uu nafta iska siibo!
Murwooy, maya, waxaan ergo kaa ga dhiganayaa dabkayga shiilaya
mindhicirkayga. Waxaan ku gu tuugayaa magaca Siin in aad naftaan
dabaadigeeda uga tagtid, faraantigaanna aad gacantayda u daysid'.
In yar ayaa uu aammusay sidii in uu la loollamayo xanuunno ay
naftiisu la dhiibban tahay, deetana warkii ayaa uu sii watay oo waxa
uu yiri: 'imminka, hooyo, iga yeel, adiga oo qalbigayga lumay

ergaygiisa ah in aan farriin kuu gu sii dhiibto milkiilihii qalbigaan. Waxaad ku dhahdaa 'waa miskiin dadka ka mid ah, aan gaarsiisnaynna in uu gayaan u noqdo madaxda iyo suldaanka. Laakiin se leebabka jacaylku waa wiifto. Weligeedba ma aanay ka la soocin qalbiyada miskiinka iyo amiirka, oo waa kan oo uu maanta isku dhererinayn meel uusan gayin oo keliya e, uu u hanqaltaagayo turriimada ay madaxdu caanka ku yihiin in ay bulshawaynta ku sooraan. Waxaa maanta ka ga filan turriimadaas in aad qalbigaaga xilli ka xilli ku xustid iyo in aad goor ka goor weydiisid xaaladihiisa iyo werwekiisa'.

Duqdii waxaa ay ku saamowday qaabka uu u hadlay, waxaa ayna ka fursan wayday in ay u naxariisato oo ay faraantigana gacantiisa u dayso. Ka dib markii ay cabbaar isku dayday in ay sabaaliso ayaa ay kacday oo sagootisay, waxaa ayna u ballanqaadday in xilliga ugu dhaw ay ku soo laabanayso.

JACAYL

*I*mminkana aan u sii dheerayno xaggii qasriga ka hor inta aanay duqdii ku soo laaban, si aynu u ogaanno halka ay ku dambaysay xaaladda Siti iyo Siin tan iyo intii ay ka soo tagtay ee aanay weli ku noqon.

Sida dhabta ah sugitaanku dhimbil dab ah waa uu ugaga kululaa, waxaa ayna saacad ka saacad koranayeen soo noqoshadeeda. Waxaa ay uga soo tagtay si ay daaha uga qaaddo sirtii qarsoonayd oo ay u keento xog ku saabsan xaqiiqada dhabta ah ee labadaa gabdhood ee qalbigooda iyo fakarkoodaba mashquuliyay. Laakin se waa ay tagtay, dibna ugu ma aanay soo noqon! Maqnaanteeda dheer awgeed ayaa waxaa afduubtay werwerka, waxaa kordhay isbaraanbarkooda, sal way dhig waayeen, jadiinnkoodana cunno iyo cabbid toonna ka ma aanay degin. Fakarkii ku saabsanaa sababta ay duqdu u dibdhacdayna waxa uu keenay in uu dhinacyo badan iyo laamo kala geddisan la aado. Goor ay xilli maalin ah fadhiyaan qolkoodii gaarka ahaa ee ay qasriga ku lahaayeen oo ay iska sheekaysanayaan, ayaa si lamafilaan ah uu qof ku soo gargaraacay. Hadiiba ay albaabka xaggiisa saa ugu jeesteen, waxaa ay indhaha saareen duqdii oo wajigeedii duuduubnaa iyo dhabarkeedii soo godmay la hor taagan, kuna eegaysa dhoollabirayn ballaaran oo dan leh.

Labadii amiiradood inta boodeen ayaa ay dhinacyada ka galeen ayaga oo u sheeganaya hilowgooda, deetana inta ka harabharabsiiyeen ayaa ay dhexdooda fariisiyeen oo waxaa ay ku bilaabeen in ay wax ka weydiiyaan wixii xog ah ee ay heshay intii ay maqnayd, heerka uu gaarsiisan yahay waxa ay ogaalkeeda iyo baaristeedu uga kashifeen sirtii labada gabdhood iyo heerarkooda. Waxaa ay ku tiri ayada oo weli daalkii ka neeftiranaysa: 'waxaan amiiradahaygoow idiin ku dhaaranayaa Allihii idin siiyay sixirkaan iyo quruxdaan e, imminka xaggooda ayaan idin ka ga imid, qalbigayguna weli waxa uu la ruxmayaa naxariistii iyo turriimadii aan ka qaaday araggooda. Waa tii ay beerkayga qaataane, gabdhahaygoow, markii ay maqlaan magaca Siti iyo Siin waxaa uu dhiiggoodu noqonayaa dab holcaya, kalagoysyadoodana waxaa jibaaxaysa argagax ku gu kaacinaysa in aad u naxariisatid, oo aad u turtid.

Ilaahay baan ku dhaartaye labadooduba waxaa ay ahaayeen labadii barbaar ee ugu fiicnaa ee uu Alle si yaable u uumay dhimrin ahaan, qurux ahaan, geesinnimo ahaan iyo iskudhammaan. Sida aan taa u la yaabayna ma gaarsiisna-la igu kiin furay e, heerka ay gaarsiisan tahay sida aan ula yaabay qaabka la idiin ku aaddiyay xulashadooda, ee buuradkaa dadka ahna aad halkooda kaga beeganteen! Ilaahay baan ku dhaartaye, labadooduba ha ahaadaan laba amiir ama laba hoggaamiye ama laba qof oo caadi ah e, waa labada gayaan ee idiin ku fiican, quruxdiinnana u qalma'.

Halkaa uu xaal gaarayna waxaa caadi ahayd in Siti iyo Siin ay midba sideeda ugu dhacdo jahawareer xad dhaaf ah, ayna la wareegacaddayso wareer daran oo uu hadalkaani ku keenay. Waxaa ay sawiranayeen wax walba oo ay suuragal tahay in ay labadaa gabdhoodi noqdaan, marka la ga reebo in laba nin oo buuradkii dadka ka mid ahaa ay maskaxdooda ku soo dhacday wax la mid ah wixii ayaga maankooda ku soo dhacay ee ahaa ismaldahaadda iyo qarinta xaqiiqadooda. Suuragalnimadaasi marnaba madaxooda ku ma aanay soo dhacayn.

Waxaa ay ka soo miiraabeen wareerkoodii iyo anfariirkoodii si ay u dareemaan walbahaarka jacayl daran oo dareenkooda bud ka soo yiri. Waxaa uu bilaabay in uu qalbiyadooda dab ka huriyo. Markii hore waxaa ay ahayd xanuunno iyo isbaraanbar la xiriira sirta qarsoon ee aanay garanayn. Maanta se waxaa ay noqotay xaqiiqo kale oo halisteeda leh. Waa JACAYL. Jacayl giriirkiisii uu durba bilaabay in uu dareennadooda madax iyo majaba ku saaqo! Waqti dheer ma aanay qaadan ka baaraandegidda arrintu markii ay duqdu uga sheekaysay wax walba oo la xiriira Taajuddiin iyo Mam. Waxaa ay iska eegeen hareeraha oo markii ay ka waayeen cid aan ahayn cajuusaddii noqotay xogogaalka xaaladdooda ee sirtooda og ayaa ay middood ku tiri:

'laga yaabee in aanay kaa qarsoonayn warkaagu in uu middaayaba qalbigeeda ku soo biiriyay xanuunno soo derriyay, shucuurtayadana uu ku noojiyay dareenno cusub. Xanuunanadayada u ma haysanno dhaqtar aan adiga ahayn, adiga mooyee cid kale na qalbigayaga dawo uga heli mayno. Ma awoodno in aannu hawshaan wax aan dedaalkaaga ahayn ka qabanno. Afkaaga af aan ahayn ka ga ma hadli karno. Haddaba, ma ay kaa suurowdaa in aad daraaddayo duudka u saarato wax uun culaab ah oo aad arriintaan afhayeen nooga noqotid'.

Duqdii oo faraxsan ayaa ugu jawaabtay 'amiiradahaygiyaay, waan u hoggaansanahay wax walba oo aad iga doontaan, ee aad i amartaan. Maxay se tahay culaabta iga fuulaysa in aan ka shaqeeyo farxaddiinna? Maya e, raaxo noocee ah ayaan dareemayaa idin ka oo u caddiban sida aan arkayo?'

Waxaa ay ku dhaheen: 'waxa aannu doonayno oo dhan waa in aad degdeg ugu noqotid labadaa barbaar oo aad na gu matashid sabaalintooda iyo latacaalidda arrinkooda, oo caad ma saarna in ay imminka la rafaadsan yihiin xanuunno ka badan intii aad noo ga sheekaysay. Habaryar, kurbada ka qabooji. Adiga oo annaga na gu matalayana waxaad midigtaada ka ga masaxdaa hinraaggooda. Waxaad ku dhahdaa: isdejiya, keligiin ku ma tihidin dareennadaan iyo jirrooyinkaan. Labadii uu jacaylkoodu fiidkii isaga ahaa idin ku legday gollayaashaas dhexdooduna waxaa ay idin la dhadhaminayaan intaa oo kale ayaga oo idin ka fog. Maanta ka hor waxa ay ahayd turid iyo naxariis aan idiin haynay. Imminka se waa jacayl ay qalbiyadayadu la ruxmayaan sida ay kuwiinnu u lulmayaan, waxaa ayna u dhibban yihiin sida aad u jirraban tihiin. Haddii aan karnay in aan ilaa maanta walbahaarkaas qarinnana, hadde waxaa noo gu wacnaa awoodda xishoodka iyo daahiisa nagu gamboon. Waxaa la gaaray waqtigii aan daahaan idin ka faydi lahayn si aad u ogaataan in aannu raalli idiin ka nahay in aad noqotaan saaxiibbayadii nolosha ayada oo loo ka la leeyahay sida doorashadayada ay faraantiyadu caddaynta u yihiin ay tusisay tan iyo kulankeennii isaga ahaa. Kiinnii walba waxa uu xaq uu leeyahay in uu amiirka noo gu soo gole fariisto, oo midkiinba ha soo dirsado dad amiirka na ga soo doona iyo kuwo kale oo derajo agtiisa ku leh oo xiriirin uga noqda filasha aqbalkiisa. Goobta, meesha, hodannimada, xoolaha, iyo meherkaba waxaad u sheegtaa in aan waxaas oo dhan ka ga qanacsannahay jacaylka ay qalbiyadayadu la ruxmayaan tan iyo maalinkaas ee ay saafinnimadiisuna caddaatay. Wixii intaa ka dib ay tamartoodu gaarto ee adduunyada iyo agabkeeda ah, waa wax la ga aqbalayo oo qurxoon. Tani waa farriintayada, habo, ee sida ugu qurux badan nooga gaarsii-laga yeebee in uu Ilaahay tan iyo waagii horaba uu noo qaddaray farxadda xiriirka jacaylka, sida cilmiqaybkiisaba uu noo gu qaddaray kabbashada koobka jacaylkaan'.

☙

BISHAARO

*M*á jiraan wax nafsiyadda bukaanka caashaqa la dhibban ee ay dhinacyadiisu la karkarayaan sunta jacaylka uga ga qurux badan waqti ay ku soo kediso bishaarada xiriirinta iyo ka raalli noqoshada, mucaashaqiisana looga keeno codka koolkoolinta iyo naxariista oo markaana uu qalbigiisu iska hurgufo kharaarkii quusashada iyo xanuunnadiisa. Waxaa ay leedahay laxan ay samayntiisa oo kale kari waayaan agabka muusiggu, qurux aanay ayada oo kale ka ifin muuqa beeraha iyo ubaxyada, waxaana ku jirta farxad aanay sirteedu ka soo burqan dhammaan noocyada khamrada.

Waa saacaddii ay dhagdhagteedu ka sharqantay dhegaha Mam iyo Taajuddiin markii ay duqdii ku soo noqotay ayada oo sideedii u eg, waxaa ayna bishaaradii ugu hadiyaysay qaabkii ugu fiicnaa, farriintii labada amiiradoodna waxay ku gaarsiisayn tabtii loo gu soo dhiibay. Ma aanay ahayn farriin iyo bishaaro qur ah e, waxaa ay ahayd dawada cudurkooda iyo ruux cusub oo jirkooda qulqushay. Waxaa labada mucaashaq buuxdhaafiyay raynrayn iyo farxad, warkii duqda oo carfiso udgoon oo xeeldheer ah ayaa dul heehaabaysay, waxa uuna hugunkiisu cirkooda ku samaynayay mawjado heeso qalbi taabad ah oo dareenkooda ku saaqay, caqligoodana sakhraamiyay. Deetana wax walba inta uu kacay ayaa uu dhaqtarad-diisii bishaarada keentay ku fatahay wax walba oo uu awooday ee leh

63

hadiyado iyo xoolo ay abaal uga dhigayeen bishaarada ay u soo galbisay. Waxaa ay labadii saaxiib degdeg ugu kicitimeen qaraabadooda iyo asxaabtoodii ayaga oo markii ugu horraysay uga sheekaynaya qisada jacaylkooda, gaarsiinayana bishaarada u timid. Farxad iyo raynrayn ayaa ay la daateen, gaar ahaan Caarif iyo Jooko oo si xad ka bax ah ugu wareersanaa arrinta Taajuddiin iyo saaxiibkii.

Waabberiga maalinkii xigay ayaa waxaa is uruursaday koox madaxyaweynta iyo odayada jasiiradda ka mid ah oo ay horkacayaan Taajuddiin walaalihi. Waxaa ay aadeen qasrigii amiir Sayn al-diin si ay uga la soo hadlaan arrinta, ayna ka dalbadaan in uu aqbalo xididnimada labada saaxiib. Laakiin se waxaa ay istusiyeen in si ay u dammaanadqaadaan in amiirku aqbalo doonista Mam ay marka hore Siti u doonaan Taajuddiin ayaga oo aan saaxiibkii soo hadalqaadin. Haddii uu taa ka yeelana waxaa ay mar kale isku dayi doonaan qaab ay Mam amiirka uga ga doonaan Siin, oo waxaa taa suuragelin doona sida uu Mam ugu noqnoqon doono Qasriga iyo sida uu amiirka ugu dhawaan doono oo ay sababna u noqon doonto gacaltooyada iyo xiriirka adag ee ka la dhexeeya Taajuddiin.

Waxaa ay wafdigii galeen xafiiskii amiirka, way horjoogsadeen ayaga oo bixinaya maamuuskii salaanta iyo ixtiraamka. Markii ay saldhigteen ayaa uu Caarif kacay asaga oo amiirka idan weydiisanaya, waxa uuna yiri:

'boqorkaygiyoow, suldaankeenniyoow, waxaan turriimadiinna ay heerkeedu gaarsiisan tahay heerka saladanaddiinna meel walba gaartay aan ku leennahay wax na gu dhiirrigelinaya in aannu codsigaan idiin soo gudbisanno; mowlaaya, waxaan shaki ku jirin in qofka noogu maamuus badan uu yahay kan aad ilaalintaada ku sharafta, mar haddii uu taa helana waxba yeeli mayso in ay dunidu isku daydo dullayntiisa, qofka liitana waa kan aad turriimadaada ka qadisid, ayada ka dibna waxba tari mayso awood kasta oo uu isku tiiriyo ama boqor kasta oo uu isku sharfo.

Mowlaaya, Taajuddiin, si walba qoyskiisa ha ku lahaado faanka madaxnimada iyo sharafta e, waxba waxaas u tari mayaan mar haddii uusan sharaf ku yeelan in uu nasabkaaga wax ku yeesho. Waa kan oo maanta waxa uu sayidkiisa ka filayaa in uu ku sooro faanka abtirsigaan, waxa uuna doonayaa in aad siisid amiirad Siti. Waxaannu golahaaga u nimid in aan kuu soo bandhigno codsigiisaan annaga oo ay noo weheliso in aan kuu soo bandhigno himilada aan ka qabno aqbalka codsigayagaan. Asagu, sayidkaygiyoow, waa adeegihiinna ugu daacadsan ee turriimadiinna istaahila, waxaana la ga yaabaa in uu yahay barbaarka ugu mudan in uu yeesho sharafta ay leedahay xididnimadiinnu'.

Deetana Caarif waa uu laabtay oo halkiisii ayaa uu fariistay. Indhihii oo dhanna waxaa ay ku jeesteen bishimaha amiirka ayaga oo jawaabtiisa dhawraya. Laakiin se amiirku fakarkiisa ma sii dheerayn. Durba waa uu soo dhugtay oo waxa uu ku yiri:

'dhabtu waxay tahay in aanay jirin wax iga hor istaagaya in aan yeelo waxa aad iga doonaysaan. Iska ba daa in ay wax iga horjoogsadaane, aniga ayaa ku faraxsan sida aad isula qadaateen ee aad isugu raacdeen in arrintaani tahay wax qumman oo noo qalma. Qofkii Taajuddiin arrintaan wakiilka uga ahaa hortayada ha soo istaago. Inoo ku na waca qaalliga masuulka ka ah nikaaxa, saacaddaan la ga bilaabana waxaannu go'aaminnay in aan Siti u guurinno Taajuddiin'.

Durba waxa uu Jooko ka soo kacay meeshii uu fadhiyay, waxa uuna ku foorarsaday gacanta amiirka asaga oo dhunkanaya, sii diirran oo qandac ahna ugu mahadcelinaya, dadkii oo dhanna waa ay ku raaceen ayaga oo uga mahadnaqaya deeqdiisa iyo dhimrintiisa, halka amiirkii oo hadalkiisa sii watana uu yiri:

'shaki ku ma jiro in uu barbaarkaani waayo badan ku bixiyay u adeegiddayada, noloshiisana uu si daacad ah noogu waqfay. Waxaana shuruudda oofinta ee uu nagu leeyahay ka mid ah in aannu qaddarinno daacadnimadiisa, aan u gudno abaalkii adeeggiisa, aannuna maanta u istaagno waajibka oofintaas. Idamalla madaxnimada iyo saldanaddu iima barakowdu hadii aanan siin xaqiisii oo buuxa oo aan nuqsaan lahayn, qasrigaan bankiisana aanan uga dhigin maxfal ay hebbeenno iyo maalmo ku quruxsamaan sabta iyo farxaddu'.

Deetana waxa uu ku jeestay shaqaalihii qasriga asaga oo ku leh: 'imminka laga bilaabo waa in aad degdeg u bilowdaan diyaargarowga, qabaabaalinta agabka iyo waxyaalaha lagu dhigi doono xafladaha, kulannada heesaha iyo baashaalka. Waxaad diyaarisaan noocyada sharaabka mid walba oo fiican, waxaadna ugu yeertaan dhammaan asxaabta cayaaraha iyo heesaha. Noloshaba ka ma haysanno dammaanad aan ka ahayn saacadaha na gu meegaaran, ma na ogin cidnana ma ogaan doonto in berri xilligaan oo kale aynu innagu nolosheenna leennahay iyo in qaddarta aan la hurayn ay na ga dafi doonto.

Noloshaan iyo dhalaalkeeda, xukunkaan iyo haybaddiisa, meerayaashaan na gu dul wareegaya, dhammaantood waa muuqaallo aan la gu xasili karin, aammintooyana aan lahayn. Muuqaalladaan uu iftiinkii baxayay ku baabba'ayo mugdidga gudcurka ah, muuqaalladaan ay isku milmayaan iftiinkii baxayay iyo mugdiga gudcurka ah, sawirradaan ay farxadda xafladaha iyo aroosyadu ku walaaqmayaan musiibooyinka geerida iyo murugta; dhammaantood waxaa ay inoo ka digayaan in fursaddu marka ay timaaddo aan isdhaafinno, waxaa ayna ina ku baraarujinayaan in aan ka dabatagno saacadaha raaxadu inta aanay dhicin ka hor. Waayuhu weligoodba dhagartooda ku ma aanay kala soocin shiikh iyo hoggaamiye, madax iyo faqiir'.

Deetana waxa uu ku jeestay Taajuddiin walaalihii iyo dadkii la socday, inta uu dhoollabireeyay ayaa uu ku yiri: 'maanta aan noqdo ruux idin ka mid ah Taajuddiin aawadii, waxaadna Igu tirisaan intiinna codsigaan ka shaqaynaysa ee u taagan sidii loo raalligelin lahaa'.

Maalintii xigtay habeenkeedii waxa uu qasrigu noqday gobol fardowso ka mid ah marka la eego waxa ka bidhaamayay ee leh muuqaallada farxadda iyo qurxinta, waxaana dhinacyadiisa oo dhan ka jaasayay astaamaha baashaalka iyo baayakhlaynta, si la mid ah sida qasriga dhinacyadiisa iyo daafihiisu ay la ciiriirayeen dabaqadaha iyo qaybaha kala duwan ee dadka. Waxaa barandadiisa waasaca ah la dhigay miis weyn oo dherer iyo ballarba aad u ka la durugsanaa.

Waxaa dushiis la gu safay tobannaan saxan oo qalin[4] ka samaysan oo qaarkood loo meegaaray sidii xiddigtii, qaarkoodna loo goday sidii dayaxii, waxaana dusha la ga saaray daboollo sidii qubbaddii u samaysayn oo qalin ah oo si farsamaysanna ay uga soo wirqayaan ku ka hooseeya iyo qaabkiisii. Waxaa mid walba ku hoos qarsoonaa wan la shiilay oo aan muuqiisa la taaban, qaabkiisana la beddelin. Waxaa sidaa oo kale saxannada dhexdooda la ga buuxiyay boqollaal baaquli oo khudaar, macmacaan, iyo noocyada cuntooyinka ee kalageddisan ah, waxaana daafaha kale oo dhan la gu yaaciyay koobab ay ka butlucbutuluc leeyihiin noocayada cabbitaannadu.

Judhii ay cashadu dhammaan rabtayba waxaa bilowday xaflad cusub, waxaa ayna dadkii iska xaadiriyeen boosaskoodii balakoonka ballaarnaa ee dusha sare ka kulaalayay beerta qarsriga, waxaana loo keenay cabbitaanno ka la duwan oo ku jira kirliyo waaweyn oo ashqaraar leh. Waxaa wareejinayay addoommo laga cubay muuqaalkii ugu ashqaraarsanaa ee dabacsanida, bashaashnimada iyo quruxda. Waxaa la wareejiyay udugga noocyadiisa ka la duwan, waxaana ay caraftiisu wada gaartay kasooqaybgalayaashii asaga oo ku xarragoonaya neecawda habeenka iyo iftiinnadiisa. Neecawdaas yar la jirkeeda ayaa ay codadka heesuhu dhegaha ugu dusayeen aan asaga oo kale hore loo arag oo dadka ku soo jiidanaya laxannada farxadda iyo raynraynta. Mar waxaa ay u jiibinayeen keli keli, marna codadkooda oo dhan ayaa isla jiibinayay maqaamyada laxannada indhasarcaadka ah, hugunkooda macaan ee xeesha dheerna waxa uu ku meeraysanayay jabaqda neecawdaas ugdoon ee duulka si deggan oo amakaag leh u cayaarsiinaysa.

Markii halkaa la marayo ayaa ay indhihii dadku diiradda saareen fadhi goobta bartankeeda yaalla oo ahayd halka uu fadhiyo Taajuddiin. Waxaa labadiisa indhood ka muuqday iftiinka himilada guulaysatay, waxaana kaduudyaha wajigiisa ka wirqayay farxaddii guusha. Qofkii indhaha ku fagiijiyaba waxa uu si sahlan u garanayay in uusan araggiisa ka qaadayn hal dhinac oo kulankaas ka mid ah. Markii uu dhinacaa

---

4 [silver/fiddo].T

aragga la raacaba waxa uu halkaa ka arkayay Mam oo u fadhiya qaab muujinaya in uu naftiisa si buuxda isugu uruuriyay, oo aan ku siganayn xitaa in uu dareemo waxa hareerihiisa ka socda. Hal mar haddii la dhugto indhihiisa guray iyo kaduudyaha wajigiisa uu dadbay ee uu ku tiirayay calcaashiisa dhabarkeeda asaga oo in badan foorara ayaa waxaa ay tusinaysaa in aanay naftiisa wax saamayn ah ku samaynayn wax uun ka mid ah indhasarcaadka jawigaas iyo quruxda muusikada iyo laxannada, marka la ga reebo taabasho yar oo aan dan ka lahayn sidii in ay ku leedahay 'ku garan maayo, adiga dartaa uma iman'.

Goor ay dadku jawigaas ku jirayaan ayaa ay si kedis ah wax walba u aammuseen, dadkii oo dhannaa ay istaageen. Amiirkii ayaa amminkaas soo galay. Intii uusan soo gaarin bartamihii uu Taajuddiin fadhiyay ayaa uu inta durba meeshiisii ka kacay uu dhunkaday gacantiisii. Amiirkii ayaa inta midigta qabtay kaxeeyay oo dhinaciisa fariisiyay ka dib markii uu dadkii oo dhan u taagay salaan ay dhoollabirayn ku laran tahay.

Amiirka ka ma aanay qarsoonayn in Taajuddiin iyo Mam ay ka dhexayso gacaltooyo adag iyo jacayl dhab ah, si deggan ayaa uu dadka isha la raacay asaga oo baaraya jeer ay indhihiisu heleen. Waxa uu arkay asaga oo baxsan oo foorara, waxa uuna dareemay in la ga yaabo in uu cidloonsho ku dareemay in uu saaxiibkii ka fogaaday xafladdaan dartii loo sameeyay. Deetana waa uu u yeeray, waxa uuna ku yiri:

'waxaad tahay Taajuddiin saaxiibkii iyo wadayga gacaltooyadiisa, ma na ay jirto cid kaa ga dhaw oo kaa mudan in ay malxiis[5] u noqoto caawa la ga bilaabo ilaa gebagebada maalmaha arooska e, kaalay oo halkaan dhinaciisa ah fariiso'.

Mam waxa uu isu goday amiirkii asaga oo leh: 'waan qaatay amarka boqorkeenna'. Deetana wuu dabaguryooday oo waxa uu dhinac fariistay Taajuddiin. Waxaa soo laabtay dheeshii iyo heestii, wareejintii koobtana waa la soo celiyay.

---

5 Malxiisku waa qofka dhinac jooga caruuska ee gadaashisa socda sidii in uu waardiyihiisa yahay. Waa dhaqan ka mid ah dhaqannada kurdida ee arooskooda, waxa uuna caruuska ka doortaa saaxiibbadiisa gaarka ah ee ugu dhaw. Q Innaga soomaaliduna waa adeegsannaa laakiin waa uun habeenka arooska keliya.

Waxaa ay ahayd habeen yaabkiisa leh oo kasooqaybgalayaasha ku biirisay farxad iyo weheshi. Habeenku inta uu jiray oo dhan ayaa ay farxadduna jirtay, dhammeedkeeduna waxa uu ahaa seeskii ugu horreeyay ee dhismaha arooskii Taajuddiin. Seeskaasina waxa uu ahaa in la gu mehriyay amiiraddii Siti.

෨

AROOS

Waxaan imminkana mar kale ku laabanaynaa qasrigii amiirka ka dib markii ay muddo ka ka soo wareegtay nikaaxii Taajuddiin, intii lagu guda jirayna uu ku mashquulay diyaaragrowga iyo qababaalinta agabkii arooska. Qasriga balakoonkiisa sare waxa uu la ciirciirayay tobannaan addoommo dumar ah oo bilaabay diyaarinta noocayada ka la duwan ee dhalaalinta iyo qurxinta amiiradda iyo walaasheed, si ay indhadaraandarkooda ugu sii kordhiyaan ruuxda lebbiska, indhasarcaadkeedana ay ku kordhiyaan ashaqaraarka farsamada gacanta.

Waxa ay beegsadeen caruusadda oo ay bilowgaba isha la raaceen tinteeda. Tin Kistinaawi [Chestnut hair/شعر كستنائي] ah oo sida xariirta u jilicsan, ka na laallaadda dhinacyada oo dhan oo badnaantooduna ay si indhadaraandar iyo dhalaal leh uga daadegayaan labada garab hoostooda. Waxaa xagga sare ka ruxmaya dhawr timood oo si koolkoolin iyo debacsani ah ugu soo laabmay wajiga, halka ay inta kalana ayaga oo duudaban ay si ashqaraar iyo indhasarcaad leh isu gu meegaareen dhafoorrada iyo wejiga hareerihiisa. Waa naqshadayn rabbaani ah oo xeel dheer oo aanay uumiyaha oo dhan karin in ay ashqaraarkiisa ka soo helaan nuqsaan ay ebyaan ama gef ay wax ka beddelaan.

Araggoodii waxa uu u guuray indhaha. Indhadeeraleey

eegmadeedu tahay sida leebab dilaa ah oo ka hooseeya laba sunniyood oo sida leebku qaansada bartankeeda uga soo baxo ay uga soo muuqdaan iyo baalal lulmoonaya oo sida habeenka gudcurkiisa u madow oo fadhigooda uga soo raaracsan si yaab leh oo qalbiga u saaqaya sida ay khamradu u sakhraamiso. Quruxdaan indhakuusha Rabbaanigaa ah, shucaacaan indhasarcaadka ah ee eegmooyinkaan ka soo halalaclaynaya, indhakuul ama rinji adduun oo noocee ah ayaa wax ka doorin kara ama ka beddeli kara? Haddana waxaa ay indhahoodu u jeesteen joogga. Joog sida laamalloodshaha lulmanaya oo ah qaabkii ugu xeesha dheeraa ee islahaanta iyo quruxda, la guna naqshadeeyay tan ugu qotodheer abuurta Ilaahay ee mucjisada ah. Waxa uu ku soo baxay joog ay qaybihiisa iyo xubnihiisa isleeyihiin, oo qaybiba ay qaybta kale qurxinayso. Haddaba, gacmaha garbatabsiga iyo farsamooyinka middoodee ayaa sheegan karta in ay u kordhinayso xeeldheeri iyo halabuur! Waxaa ay addoommadii la soo xulay istaageen hareeraha Siti ayaga oo anfariirsan oo irkigsan, ammaanayana abuurihii quruxdaan. Wareerkoodu waxa uu qirtay quruxda ay sawirtay awoodda abuuruhu in aanay jirin jid ay gacanta uumiyuhu doorintiisa u soo marto.

Haddana waxaa ay taladoodu noqotay in aanay u furnayn wax aan ka ahayn in ay quruxdaas huwiyaan taako la gu xardhay jooharad iyo noocyada dheemmanta tan ugu qaalisan. Waxaa ay ka saareen sujuuddeeda ifaysa xaggeeda sare iyo timaha xariirta ah ee ruxmaya laba dhexdooda. Jooggeeda se waxaa ay quruxdiisa uga tageen in ay ka soo ifto maro ka samaysan dun cad shishadeeda, oo ayaa dhex marayaan diillimo yaabkooda leh oo la gu xardhay, ka na samaysan dahab saafi ah, jirkeedana xagga sare qaab indhasarcaad ah ugu dheggan, halka uu xagga hoosana si weyn uga ballaaran yahay, waxaana loo daayay faraq dheer oo hareeraheeda dhulka ku ruxmaya. Dhuunta iyo inta ka sokaysa ilaa shafka waxaa loo daayay in ifkiisu muuqdo si ay dhexdiisa uga soo wiriqdo katiinadda dheemmanta ah ee ay kuulakuulihiisa luulka ah ee mar la aragta ahna ay ka laallaadaan dhammaan dhinacyada surka.

Intaa ka dib ayaa ay u jeesteen Siin. Laakiin se ayada ayaa

walaasheed qurxinta gacankusamayska ah ka sii maarmid badnayd. Keligeed ayaaba ahayd calaamadda muujinaysa in abuurta Ilaahay ee xeesha dheer ay xaq u leedahay in ay ka sii sarraysiiso indhadaraandarka Siti iyo quruxdeeda. Hawl ka badan intii walaasheed ay u sameeyeenna uma aysan sii baahan.

Muddo badan ka ma aanay soo wareegin markii ay qasriga amiirka ka soo dhaqaaqeen kolonyo leexaysanaysa laba saf oo fardo la qurxiyay ah gashaadood. Kolonyo ku qurxoonaatay muuqaallada indhadaraandarka ah kuwooda ugu ballaaran. Tobannaan addoommo la xulay iyo adeegayaal ah ayaa la ruxamaya quruxda iyo waxyaalaha la isku qurxiyo oo irkig iyo afkalaqaad ah oo ay bartanka ka ga jiraan laba quruxlay oo haddii ay qorraxda cirka ka ifaysa ay isu geddin lahayd dheddig ilmo Xaawo ah aanay karteen in ay yeelato sixirkooda iyo quruxdooda oo kale. Waxaa ka sii dambeeyay tobannaan addoommo oo la ga buuxiyay koobabka quruxda noocyadooda oo gacmaha ku sida saxanno ifaya oo la ga soo dhaamiyay macmacaan, waxyaalo qaali ah, iyo haddiyado.

Kolonyadii ashqaraarka ahayd waxaa ay bilaabeen in ay ku dabaashaan bad is hardinaysa oo dad ah oo ay jasiiraddu ka soo qulqulisay dhinacyadeeda oo dhan ayaga oo si irkiga iyo afkalaqaad leh ugu hanqaltaagaya labadaa quruxleey ee ay in badan magacyadooda maqlayeen, qasriguna uu seejiyay aragtidooda. Kolonyadii waa ay tageen ayaga oo badda jibaaxaya, bartankeedu leexaynayo, indhaha oo dhanna ay ku jeedaan iftiinka labadaa quruxleey jeer uu ku soo xirteen qasriga Taajuddiin hortiisa. Waa qasri uu ku dhisay naqshadaynta ugu xeel dheer ee uu sawirtay. Tiirarkiisa waxa uu ku taagay, dhulkiisa ku cagdhigay, darbiyada uu ku salaaxay noocyada ugu sarreeya marmarka dhalaalaya, waxa uuna albaabbadiisa iyo daaqadihiisa ka sameeyay geedaha sandalka iyo kolkaatiga [Pine/الصنوبر] dhifta ah. Deetana waxa uu dhinacyadiisa iyo saanqaafkiisa ku qurxiyay xaradhyo qotodheer oo biyaha dahabka ee saafida ah. Markii ay caruusaddii sidaa u soo gashay barandada bannaanka ee qasriga ayaa lagu qaaday carshi aad u weyn oo kolkaati la ga sameeyay oo halkaa ku sugayay.

Ilbiriqsi gudihii ayaa carshigaas waxa uu dusha uga baxay tobannaan gacmood iyo garbood. Waxa uu leexaysanayay bartamaha dadkaa faraha badan, iyo hugun ka unkamay mashxaradda, codadka gurbaanka, agabka muusikada, iyo erayada anfariirka iyo yaabka, jeer uu ugu dambayn gaaray barxadda qaybta sare ee qasriga, halka ay martidii madasha soo buuxdhaafisayna ay joogeen dhinac kale, ayaga oo la gu dhex wareejinayo koobabka cabbitaannada, ayada oo uu Taajuddiin fadhiga guddoonkiisa ku fadhiyay fadhi yare dheer asaga oo isku joog heer sare ah xiran, dhinaciisana waxaa fadhiyay Mam oo markaan xarragada iyo muuqaba uga eg. Jasiiraddii Buudaan oo dhan waxaa ay gashay in ay sakhraannimo iyo baashaal ku dhafarto, ayna ku leexaysato dheesha iyo gaaddakacayaarka dhabtooda. Waxaa waayaha wajigoodii ka qarsoomay walbahaarkiisii, waxa uuna bilaabay in uu dadka u muujiyo muuqallada saafiyoobidda iyo farxadda. Koobabkii khamrada waa la wareejinayaa, alalaashka laantimireedda iyo codka heesaha iyo gurbaannadu waxaa ay jeexayaan jawiga cirka, boqollaal gabdhood iyo barbaarna waxay jaasayeen jaaswadareed indhadaraandar ah oo dhufanayay qalbiyada iyo dareennada. Goor ay hawshaasi socoto ayaa waxaa soo muuqday koobab qalin ka samaysan oo adeegayaashii qasrigu ay gacamaha ku sidaan ayada oo ay mid walba ay ka daadanayso xantoobooyin dahab iyo qalin ah iyo hadiyadaha kuwa ugu fiican ee ugu qaalisan. Waxaa ay bilaabeen in ay xantoobooyinkaas meel sare oo ka korraysa buuradkaa isu yimid ay dhinacyada qasriga oo dhan uga soo firdhiyaan, ayna dhexdooda ku kala yaacdo ayada oo aad mooddid xiddigo fara badan oo cirka ka ga soo daadanaya. Badanaa inta ruux faqiir ah uu habeenkaas hodmay, mid aan wax haysanina uu tanaaday. Xaladahaani waxaa ay sidaa ku sii socdeen toddoba habeen oo aan ka la joogsi lahayn oo dhamaantood ahaa barkulanka saafiyoobidda iyo baashaalka, hordhacna u ah saacaddii cimriga. Saacaddii xiriirka Siti iyo Taajuddiin. Saacaddii sixirka ee habeenka toddobaad ayada oo ay xafalduhu wareegacaddaynayaan, qalbiyada dadkuna ay u loogan yihiin. Waxa uu hilowgu la gaaray labadii caruus halkii ugu dambaysay, waxa uuna dabka hilowgu ka hurayay feerahooda, holaciisuna waxa uu ku milmay dhedada iyo neecawda sixirkaas. Waxaa ay muuqaallada wehelka iyo farxadda ee ku hareeraysanna ay bilaabeen in ay laabahooda ku dhajiyaan kaawiyad. Waxaa isku meegaarayay neecawda, waxaana hareeraheeda la ga oogayay oog ay la ma huraan tahay in ay holacdo oo ay isku meegaarto.

Kobtaa, xilli ka mid ah xilliyaddii isla rogrogayay neecawda sixirkaas ayaa waxaa furmay albaab ku beegan fadhigii uu Taajuddiin ku fadhiyay, waxaana gadaashiisa ka muuqday qol la qurxiyay oo ku xarragoonaya indharaandarka dhakafaarka ah. Waxaa tiirarkeeda ka soo udgayay carafta catarka, waxaana dhinacyadeeda yaallay shamacyo ay ka baxayaan if ka la qaab duwan oo hawadeedana wada gaarsiisay iftiin yar oo qurux iyo indhadaraandar ah. Sidoo ka le na waxaa dhinacyadeeda qaar la gu habeeyay baaquliyaal yaryar oo dahab la gu xardhay, ayna ku jiraan macmacaanno ka la nooc ah iyo waxyaalaha la gu madadaasho. Deetana waxaa soo baxday ayada oo ay gacmaha hayaan eheladii caruusyadu shamac dheer xagga joogga, xubnaheedana la gu xardhay laamo biyo dahaba ah. Waxaa xagga sare taaj looga dhigay taako dhalo la xardhay ah oo ay gadaashiisana ka ifayso saymo iftiin ah oo wirqaya, waxaa ayna istaajiyeen bartamaha qolkaas, weliba meel ku beegan Taajuddiin si ay hadalka uurkeeda ka guuxaya ugu dhahdo:

'mucaashaqyahow, uu hilowgu sabirkii iyo xasiloonidii ka qaaday, waxaa ay u eg tahay in aad iga la mid tahay waxa aan la dhibbanahay ee xanuun iyo gubasho ah. Haddaba, ka istaag meeshaan aad ku daashay oo imow halka ay ku gu sugayso caruusaddaadu. Soo kac, waxaa la gaaray waqtigii aad dhibtii ku soo martay ka dib aad dhadhamin lahayd barwaaqada xiriirka. So kac, shamacaagii sidaada oo kale ayaa uu ku sugayaa, waxa ayna la rafaadsan tahay waxa ay dhinacyadaadu la caddiban yihiin ee ah dabka sugitaanka. Sidayda oo kale, intaa ayaa kuu gu filan shiilmid iyo gubasho. Tabtayda oo kale, intaa ayaa kaaga filan illin iyo qulqulkeed. Nuurkaas uu qalbigaagu ka daba lumay, waa kan maanta ku hor taagan e, kaalay isku soo tuur faraqiisa sida ay samayso balanbaallista argagaxsan marka ay ruuxdeeda ku firdhinayso saymaha holaca.

Kan soconayoow, badanaa inta aad lugahaaga daalisay si aad u soo gaarto goobta dawaafka,

Jid hayoow, badanaa inta aad beerkaaga oomisay adiga oo dawaafka u socda,

Ilaahay, intaaba si sahlan ayaa uu u qaddaray, daraaddaa ayaa uu na si sahlan kuu gu xaqiijiyay,

Waa tan kacbadaadi oo xaggaaga soo aadday, waana kan goobadii dawaafka oo kuu soo dhawaatay,

Mucaashaqyahow guulaystay, istaag si aad u dawaaftid, ugu dhagtid, u dhunkatid, oo aad u guddoontid,

Mucaashaqyahow oomman, istaag koobku waa uu buuxaa, khamradaadiina waa ay ku sugaysaaye'.

Taajuddiin waxa uu baaqa iyo qaabka wax u socdaan uu ka gartay in ay dhawaatay saacaddii xiriirku, ooggiisiina uu bidhaamay. Meeshii uu fadhiyay ayaa uu si xasiloon oo deggan uga kacay, waxa uuna beegsaday xaggaa iyo qolkii albaabkiisa la furay ee sugayay. Waxaa dhinac socday Mam oo ahaa saaxibkii farxaddiisa iyo murugadiisa, gacanta ayaa uu hayay, qalbiga waa uu ka la jiray, waxaana degta u surnaa seef sida caadadu tahay wehelisa malxiiska. Albaabka agtiisa ayaa uu Mam istaagay asaga oo dhinac u bayray si uu u sagootiyo saaxiibkii, uuna ugu baaqo in uu qolkiisa galo. Waxaa ay ahayd ilbiriqsiyo uu dabadood taajuddiin ku libdhay albaabka shishadiisa. Durba waa la xiray, halka uu saaxiibkiina hartiisa sii taagnaa sidii in uu yahay waardiye lagu ammaansaday.

Taajuddiin waxa uu galay qolkii oo uu ugu tegay caruusaddiisii oo fadhida oo ka shishaysa shamacii ayada oo ilmaynaysa ay uga ga sheekaysay sheekadii jacaylka iyo xiriirka. Halkii ay indhahoodu isku gacanqaadeen ayaga oo xasilooni irkig iyo afkalaqaad ah ku jira, qalbiyadooduna ay hab isku siiyeen ayaga oo anfariir dheer ku jira, dabka feerahooda ka ooganna ay malab iyo khamro isu gu beddeleen. Waxaa u hambalyaysay shamacyadaas gubanaya ayaga oo ah koobab cabbitaan macaan la ga buuxiyay. Waxaa ay keligood marag ka noqdeen ilbiriqsiyada mucaashaqiinta ugu qurxoon adduunyada. Waxaa ay labadii caruus aduunyada iyo waxa joogaba ka mashquuleen saddex maalmood oo ay ku hurdeen gogoshii riyooyinka, ayna ku soo toosayeen isla riyooyinka. Cunnadadoodu waxaa ay ahayd malabkii xiriirka, cabbitaankooduna webigii bishimaha.

Balse, Mam markii ay dadkii ka la dareereen oo ay dhammaantood tageen xitaa ma uusan doonayn in uu ka tago bartii uu joogay ee qasriga saaxiibkii, waxa uuna ku faraxsanaa-haddii la doonayo in daacadnimadu halka ugu sarrayso ay gaarto, in uu meeshiisa joogo sidii oo uu yahay waardiye daacad ah jeer uu caruusku soo baxo maalinta labaad ama maalinta xigta si uu ula kulmo oo uu u noqdo qofka ugu horreeya asxaabtiisa ee u hambalyeeya. Sidaa ayaa uu Mam uu meel ka degay daaradda qasrigii Taajuddiin ee ka dhignaa beer dhan walba ka ga meegaaran. Waxaa ay daacadnimadu ku riixday in uu saddexdaa maalmood halkiisa joogo oo uusan ka dhaqaaqin jeer ay habeenbar noqoto ama uu dan adag u kaco oo uu haddana durbo ku soo noqdo meeshiisa asaga oo sugaya in saaxiibkii soo baxo oo uu ugu hamblyeeyo jacaylkiisa uu ku guulaystay.

Dhabtiina, dareenka Mam ee muddadaa, weliba habeenkii koowaad markii ay dadkii isu soo ururay ay kala dareereen ee la duubay gogogoshii wehelka iyo sawaxanka ee aanay soo harin cid aan ahayn asaga oo habeenku markii uu xasilay ka dib qasrigaa dhex taagan, waxaa uu ahaa dareen huriyay hilowga laabtiisa, ku na meegaaray macnayaasha cidloonshaha iyo qalaadnimada. Waxa uu toosiyay xanuunnadii feerihiisa dhex xulayay, waxa uuna kaakiciyay jacaylkiisii darnaa ee uusan caad saarnayn in uu ka darnaa jacaylka Taajuddiin. Haddii aad og tahay in habeenkaa iyo habeennadii ka horreeyay uu milicsaday boqoroddii qalbigiisa hanatay, ayana ay mar ka badan milicsatay, indhihiisuna ay walaashii agteeda ku arkeen ayada oo ku maashaysan quruxda iyo dhalaalka ugu muuqashada badan, waxaad garwaaqsanaysaa in dareenkiisu xilligaas uu mudan yahay in uu naftiisa ka ga tago raad culus raad culus, adkaysiguna uu ka fog yahay si walba oo uu Ilaahay u siiyay oo uu ku xoojiyay ad-adayg iyo samir. Laakiin se, qabow himilada firfircooni gelisa ayaa xilligaa xulaysay dareemmadiisa, waxaa ayna ka fududaynaysay qaddar uun xanuunnada iyo kacaankaca nafsaddiisa ah, waxaa ayna fikirkiisa ka dhigaysay mid farxaddiisa ka ga mashquulsan in uu ku baraarugo murugada jacaylkiisa daran. Ka ma uusan daali jirin asaga oo sidii waardiyihii u dhexmaraya qasriga iyo beerihiisa dhexdooda in uu ka fakaro dabacsanidii uu amiirku u muujiyay habeenkaas iyo habeennadii xigay. Waxaa arrintaa isaga sawiri jiray caddaymo badan oo muujinaya in himiladiisa ay noqotay mid barwaaqo dhali doonta. Oo suuragal ma tahay in wax uun ka mid ah qaddarintaa uu ugu muujiyay waxa ka dhexeeya asaga iyo Taajuddiin ee ah xiriirka gacaltooyo iyo saaxiibnimo ama sida uu gaar ahaan ugu doortay in uu noqda malxiiska arooskiisa dhinac jooga ama se calaamadaha gaarka ah ee sida kediska ah uga muuqatay ilaalintiisa iyo turrimadiisa markii uu amray in uu Taajuddiin dhiniciisa fariisto oo uu u lebbisto sida uu lebbisan yahay ee uu isu qurxiyay oo kale, ma la ga yaabaa in wax uun intaa oo dhan ka mid ah ay noqdaan wax aan ka ahayn caddaynta arrinta ku goynaysa in uusan diidi doonin in uu asna sidaa oo kale ku liibaano Siin, oo uu u guuriyo oo uu u dhigo xafladdaan yaabka badan oo kale marka ugu horraysa ee loo gu baaqo ama la ga codsado?! Oo yaa og? La ga yaabee in uu amiirku milicsaday dacal ka mid ah jacaylkaan madaxa adag ee laabtiisa ku jira oo ay haleeshay dabacsani iyo naxariis uu ka muujinayo in uu ka qadiyay xafladdaan quruxda badan ee uu saaxiibki ku la keliyoobay guusha iyo farxadda, sidaa awgeedna uu doonayay in uu dareensiiyo yididiilo, qalbigiisana uu u bishaareeyo, markaana uu dhaqankiisaan ka dhigay baaqa ugu fiican ee arrintaa.

Yididiilooyinkaan qurxoon waxaa ay ku riixeen in uu gudaglo sawirashada nolol farxad badan iyo dhisidda riyooyinka jacaylkiisa. Waxa uu ku dhaqaaqay in uu ka fakaro sidii uu isu gu dayi lahaa dhisidda sar qurux badan oo tan saaxiibkii oo kale ah. Waxa uu ku qurxin doonaa alaabta ugu dhalaalka badan, waxa uuna ku meegaari doonaa indhadaraandar cagaaraan oo beertaan oo kale ah. Waxaa ay naftiisu ugu sheekaysay in aan la ga fursanayn in uu arrintaan agaasinkeeda hadda bilaabo, oo hadde yaa ba waqtiga ka ciriiri badan haddii uu maalmo ka bacdi amiirka ugu gole fariisto mucaashaqa qalbigiisa, oo uu amiirkuna wax walba u dedejiyo sidii uu Taajuddiin ugu dedajiyay oo kale. Naftiisa se maxaa uga ga culus sabir uu intaa ka dib ku sugo qababaalinta iyo agaasinga agabka.

Warka guntiisu waxa weeyaan in xaaladda nafsadeed ee Mam ee maalmihii saddexda ahaa-maalmihii kalatagga asaga iyo Taajuddiin ee ugu dhawaa ee uu asaga oo keligi ah daaradda qasriga ku dhammastay xilli uu sugayay soobixiddiisa iyo aragtidiisa, ay u ekaayeen sidii qaansoroobaad ka kooban noocyo kala duwan oo dareenno ah, aftahama walbana aanay gaari karin in ay sawirto. Waxa uu jacaylka kakan ee daran ku milmay holac hilow ah oo ay labadoodana dheehday yididiilo lagu dhalaaliyay muuqa ugu qurxoon iyo ifka ugu run badan, waxaa ayna dhammaantood ayaga oo kulansan ay ku kala yaaceen dareennadiisa oo dhan. Waxaa kulka jacaylka uga abuurmayay riyooyiyin macaan, farxad udgoon, iyo raynrayn uu ka qaaday farxadda saaxiibkii iyo in uu helay wixii uu doonayay.

Subaxnimada maalintii saddexaad ayaa uu Taajuddiin soo baxay, waxa ugu horreeya ee soobixiddiisa ugu wacnaana waxaa ay ahayd in uu saaxiibkii xusuustay. Muddadii uu ka maqnaa ayaa dheeraatay, waxa uu u xiisay aragtiisa iyo in uu ogaado xaaladdiisa oo waa tii uu qalbigiisu dhaawacnaa. Qasrigii ayaa uu ka soo baxay, waxa uu u dhaqaaqay dhankii beerta oo waxa uu u socday gurigii Mam asaga oo aan warba u hayn in uu weli halkii taagan yahay, ma na uusan daremin jeer uu meel fog ka arkay oo uu u soo dheereeyay.

Halkaa ayaa ay labadii saaxiib isku milmeen ayaga oo muddo dheer laabta isgeliyay. Taajuddiin waxa uu eegay wajiga saaxiibkii, waxa uuna gartay in halkaa ay fadhiyaan xanuunno iyo walbahaar nafsadeed uu isku dayay in uu duuduubo oo uu isugu geeyo dacal yar oo qalbigiisa ka mid ah si uu u karo in uu si buuxda ugu raaxaysto farxadda walaalkii. Asaga oo gacanta haya ayaa uu u la durkay dhinacyada beerta middood oo waxa uu ku yiri:

'saaxiib waxaan kuu gu dhaaranayaa haddii aan heli lahaa wadiiqo aan farxaddaada ka hormariyo farxaddayda, haddii uu ii bixi lahaa jid aan barwaaqadayda iyo jacaylkayga ku furan karo jacaykaaga iyo farxaddaada, ka ma aanan gaabiyeen. Laakiin se waxaad og tahay in tani tahay waddada keliya ee labadeennuba aan ku gaari karno himilada uu qaddarku qalbiyadeenna ku xiray. Ku kalsoonoow in aanay iga degayn dhadhanka guushayda aad iigu tahniyadaynaysid jeer ay waafajinta Eebbe iga ga farxiso in aan ku gaarsiiyo ujeedkaaga iyo himilada jacaylkaaga'.

Sidaa ayaay labadii saaxiib cabbaar isu sii weydaarsanayeen tahniyadda iyo sabaalinta. Kani qalbigiisa muggii ayaa uga tahniya-daynayay oo waxa uu dareensayiinayay sida uu qalbigiisu ugu farxsan yahay guushiisa awgeed, kaasina waa uu sabaalinayaa oo sabirka ayaa uu ku dhiirrigelinayaa, waxa uuna ugu bishaaraynayaa in xiriirkiisu soo dhaw yahay.

Saaxiib! Ma wax ka wanaagsan ayaa jira saaxiibka qalbigiisa qatan uu deeqo in uu guushaada ku farxo, laabtiisa dhaawacan shishadeedana uu aroos kaaga dhigo maalinta farxaddaada. Saaxibkaan ay asaga oo kale dunidu ku siiso waxaad ku furataa muuqalladeeda kale oo dhan iyo wax walba oo dhex yaalla. Waxa keliya ee uu yahay waa if aawadaa mugdiga u jooga, marka aad quusatidna waa yididiilada qalbigaaga.

☙

FIDNO

an iyo bilowgii nolosha waxa uu koonku masrax u ahaa sawirrada iyo muuqaallada isburinaya. Kani waa habeen iyo maalin, iftiin iyo mugdi, tanina waa qorrax holcaysa iyo har ballaaran; tani waa goyn iyo xiriirin, aas iyo aroos, dhibaatooyin iyo farxad, hoog iyo barwaaqo; kuwani waa ubaxyo jilicsan oo qodxo ku mudayo ku dhex jira. Dhammaantood waa muuqaalka koonkaan isburinaya ee uu Ilaahay si xeeldheer sidaa ugu abuuray si kheyrka iyo sharka midba macnihiisa loo helo iyo in uu midiba kan kale ka caddaado oo uu shay walbana uu ku soocmo lidkiisa, iyo intaa ka dib in koonka ay ku fiddo ruuxda dhaqdhaqaaqa iyo halganku, uumiyuhuna ay ku xirmaan nidaamka dedaalka iyo iskaashiga. Qaanuunkaanina waa uu diiday wax aan ka ahayn in uu qisadeenna soo dhexgalo oo uu ku kulmiyo curiyayaasha kheyrka iyo sharka, farxadda guusha uu ku laro illinta hoogga. Curiyaha sharka ee qisadeennaanina waa waardiye gaar ah oo ka tirsanaaa ilaalada xafiiska amiirka. Waxaa la dhihi jiray Bakar, aabbihi magaciisa in la yaqaanno ha joogtee, qofka uu yahay xitaa la ma aqoon.

Waardiayahaani waxa uu lahaa naf ay ku qarsoon yihiin midabbada xumaanta iyo dhagarta tooda ugu daran. Waxaa la moodaa in ruuxdiisa la gu nafaqeeyay jacaylka fidnada, oo waxa uu jecel yahay in meeshii albaabkeedu uga bidhaamaba uu ka duso.

Muuq ahaantiisa qof gaaban oo waji kuusan keliya ma uusan ahayn e, waxaa u ahaa basayuul, midab dansan, oo leh laba indhood oo ay ka guluc leeyihiin cuqdad, nacayb, iyo xaasidnimo fara badan. In badan ayaa uu Taajuddiin amiirka u soo jeedin jiray in uu ka kaaftoomo dhagarqabahaan xun oo uu ku beddesho mid kale oo qasriga u cuntama, oo dhaqan iyo abtirsiimaba ka ga sharaf badan. Waxa uu dhihi jiraya asaga oo wax ka sheegaya:

'boqorkaygiyoow, inkasta oo aan waardiyaha la ga filayn wax ka badan wax eydu leedahay ee ah dabeecadda daacadnimada iyo oofinta, haddana kani ma uu danaynayo wax aan ka ahayn in uu noqdo doqon xun'.

Amiirku madaxa ayaa uu hadalkiisa u ruxi jiray, deetana inta uu dhoollacaddeeyo ayaa uu ku dhihi jiray:

'nolosheennu, Taajuddiinoow, waxa ay na gu khasbaysaa in aan haysanno maangaab kan oo kale ah. Qasriga bannaankiisa waxaa na ga jira arrimo iyo dano, waxaana sidaa oo kale halkaa na ga jira mushkilado isku xirxiran oo la ga yaabo in aan xallintooda ka la kulanno dhibaatooyin badan haddii aannaan isku gedaamin wax uun ka mid ah maangaabyada noocaan ah. Waardiyayaashaan iyo ilaaladaan aad ku aragtid qasriyada amiirrada iyo hoggaamiyayaasha la ga ma doonayo in ay noqdaan waardiye in le'eg inta la ga doonayo in ay noqdaan aalad xariif ku ah socodsoonta hawlaha iyo xallinta dhibaatooyinka. In uusan ab iyo isir lahayn soo maaha, wax dhib ah taasi ku keeni mayso mar haddii dantayada la fulinayo. In uu fidnawale iyo qof xun yahay soo maaha, hadde wax uun xumaantiisa iyo fidnadiisa ah dhib iyo shiddoo noo keeni mayso'.

Sidaa ayaa uu amiirkii ugu adkaystay in uu sii haysto. Si uu Taajuddiin ugu qanciyo in ay jirto wax sababaya in uu cayriyo oo iskabeddelo. Maalmo badan ayaa gudbay, Bakarna, ka ma aanay qarsoonayn in uu Taajuddiin uurka ugu hayo nac iyo nacayb, waxa uuna hoosta ka goostay arrin. Waxa uu ku dhaqaaqay in uu indhihiisa ku dhigdhigo miiqa fidnadnadii uu Taajuddiin dhakada ka ga keeni lahaa. Waa uu ku sii socday asaga oo daydayaya fursad arrintaa u saamaxda, jeer la gaaray habeen. Waxa uu amiirku xilligaa asaga oo keligii ah fadhiyay beerta qasrigiisa dhinac ka mid ah. Hareerihiisa ma aanay joogin cid aan ka ahayn waardiyihiisii Bakar oo meel u dhaw ku mashquulsan kidfidda qaar ka mid ah laamaha qallalay ee dhirta ka baxday beerta iyo sisimiddooda.

Waxaa Bakar u bidhaantay fursad u suuragalaysa markii uu amiirku weydiiyay:

'maalin hebla Taajuddiin qasriga ma yimid mise ma imaan?

Waxa uuna ugu jawaabay: 'boqorkaygiyoow, Taajuddiin qasriga afar maalmood ma uusan soo marin'. Inta uu cabbaar aammusay ayaa uu haddana yiri: 'waxaa boqorkaygiyow, iskay tusiyay in uusan Taajuddiin kansho u hayn in uu qasriga ugu soo laallaabto sidiisii hore'.

Amiirkii ayaa weydiiyay: oo maxaa mashquuliyay?

'Moojiye, waxaa la ga yaabaa in uusan u arag in ay jiraan wax ku kallifaya in uu marar badan ku soo noqnoqdo'.

Deetana waxa uu ka faa'idaystay fursad ahayd fakar ka muuqday amiirka wajigiisa. Inta uu u soo dhawaaday ayaa uu ku yiri:

'boqorkaygiyoow, cidina ma aanay rumaysnayn in ay suuragal tahay in uu amiirku sidaa raqiiska ah uu Siti ugu guuriyo Taajuddiin ayada oo ay madaxda Kurdistaan iyo salaadiinteedu ay jeclaayeen in ay sharaftaan helaan oo ay ku doorsadaan wixii ay gacantoodu gaarto ee sharaf iyo xoolaba ah'.

Amiirkii oo hadalkiisa in uu ka yaqyaqsooday aad mooddid ayaa ku yiri: oo kuwaan wax ismoodsiinaya ee malamalayna maxay yihiin? Maya e, amiirradaa iyo salaadiintaa maxay noqonayaan marka la gu barbardhigo Taajuddiin iyo walaalihii? Walaalahaan geesiyaasha ah waxa uu mid walba maalinta dagaalka ba'an uu jiro uu agtayada u dhigmaa dhammaan tuurkaas xoolaha iyo salaadiinta ah.

Markii uu Bakar maqlay lahjadda amiirka ayaa uu yaqiinsaday in qaabkaan oo kale aanay waxba ka tarayn waxa uu doonayo, deetana waxaa uu beddelay sheekadii oo asaga oo hortiisa isku mashquulinaya ayaa uu yiri:

'shaki ku ma jiro in madaxda ay u wacan tahay in ay

addoommadooda ku dhiirrigeliyaan toosnaan iyo adeeg dheeri ah ayaga oo u maraya jidka sharfidda iyo in ay ka qaybgeliyaan kullanada saafiyoobidda iyo weheshigooda, laakiin se waxaa shardi u ah in uusan weheshigaasi illowsiin xaqiiqadooda iyo in uusan ka sakhraamin gudashada waajibaadkooda, iyo u hoggaansamiddooda amarrada ee xilliyada saafinnimada iyo baashaalka ay u joogto si la mid ah sida ay u joogto xilliyada dhibta iyo amminka weerarka iyo dibugurashada. Laakiin se boqoraygiyoow, waxaan ka baqayaa in fadliga aad bixinaysid qaarki uu aado cid aan mudnayn oo ay natiijadiisuna noqoto dafiraad iyo qooq. Boqorkaygiyoow, bakhaylka uma ay cuntanto nimcada iyo hodantinnimadu, liitaaguna uma uu qalmo'.

Halkaa markii uu marayay ayaa uu amiirku hadalkii asaga oo si ba'an u wareersan uu ka joojiyay oo uu ku yiri:

'aammus, qurun yahow. Liitaa aan adiga ahayn ma uu jiro. Waan ogahay Taajuddiin waxa uu yahay, jacaylkiisa iyo daacadnimadiisa. Waan ogahay waxa ay tahay in aan sameeyo e, faraha ha la gelin wax aadan shuqul ku lahayn'.

Bakar waa uu isku yaryaraaday, waxa uuna ku gunuunucay:

'waan ku malaynayay daacadnimadaan haddii aanan ka ogaadeen arrin uusan amiirku ogayn'.

Amiirkii oo kahanaya ayaa ku yiri: 'oo maxaad ka ogaatay?

'Boqorkaygiyow, tan iyo maalintii aad sharaftaan siiseen waxa uu la keliyoobay in uu iskii u maamusho in badan oo arrimaha qasriga ee gaarka ah ka mid ah. Waxa uga horreeya ee dhaqankiisa aan la anfariirayna waa in uu bilaabay in uu amiirad Siin siiyo saaxiibkii Mam si uu ugu guuriyo'.

Judhii uu amiirku hadalkaan u maqlay ayaa uu dhulku la wareegay, waxa uuna ka booday fadhigii asaga oo indhaha ku wareejinaya hawada hareerihiisa ah oo leh:

'maxaa tiri? Taajuddiin miyaa arriintaan maamulaya aniga oo aan ogayn? Taajuddiin miyaa walaashay ciddii uu doono u guurinaya asaga oo aan ugu yaraan ila tashan? Mise Ilaahay baan ku dhaartaye waxaa ay u eg tahay in aan ku talaxtagay sida aan ugu dhimrinayo jeer aanay nafsaddiisa ku haran baqdin iyo cabsi uu iga qabo toonna?'.

Bakar ayaa u soo dhawaaday asaga oo leh:

'oo boqorkaygu ma uusan ogayn miyaa waxa uu Taajuddiin yahay? Waa kaas isla qummanaa, ee madax taagga badnaa ka hor inta uusan nasiib u helin naxariistaan; bal ka warran asaga oo kibirkiisii maantana la buufiyay? Ilaahay baan ku dhaartaye waxa ugu daran ee aan boqorkaygiyoow ka baqayo waa in uu ninkaani kelitalisnimadi-isa madaxmarka ah uu uga golleeyahay in uu galaangalkiisa iyo galaangalka saaxiibbadii uu xididdada ugu aaso hareerha qasriga asaga oo u maraya abtirwadaagga iyo xididnimada, si uu markaa ka dibna madaxnimada iskii u sheegto oo uu ka dhigo silsilad tan iyo aabbihii iyo awoowayaashii soo taxnayd'.

Amiirkii waa uu booday oo haddan meeshiisii ayaa uu fariistay asaga oo leh:

'wallaahi waxaa uu go'aankaygu ahaa in aan Siin ka dhigo calafka Mam, oo aan arooskoodana mar dhaw dhigo. Laakiin se waa i kan oo aan maanta ku dhaaranayo faankii awoowayaashay in in aanan oggolaan in ay taasi arlada korkeeda ka dhacdo xitaa haddii ay darteed hareerahayga daadad dhig ah ay ku fatahaan. Bal waa kaa se qofkii madaxiisu culays ku hayo ha ii yimaado oo arrintaa ergay ha ka noqdo ama galaangalkiisa ha u adeegsado'.

Sidaa ayaa uu mariiku fidnadii waardiyihiisa liitay uu ugu dhisay teedkii ugu adkaa ee uu isaga gudbay cid walba oo doonaysay in ay u ergeeyaan in Siin loo guuriyo Taajuddiin saaxiibkii, waxaana dumay saanqaafkii ugu dambeeyay rajadii la ga qabay in la dhigo arooskii labadaan gacaliye, laakiin se waa ayada oo Mam iyo Taajuddiin ama cid uun asxaabtooda ka mid ah aanay ogayn diradaridii arrintaan sababtay iyo kaalintaan xun ee uu ciyaaray Bakar si uu amiirka mowduucaan uga gaarsiiyo kakanaantaas. Arrinka oo dhan waxa uu ku dhammaa in uu horjoogsan jiray cid walba oo arrinkaan ku soo hadalqaadda ama isku dayda in ay codsi u keento ama ay uga ergayso in uu Mam u guuriyo walaashii Siin. Wixii ugu dambeeyay ee uu ka yiri kulan kulmiyay Taajuddiin, walaalihii iyo in badan oo saaxiibbadood ka mid ah ayaga oo isku dayaya in ay si walba u qanciyaan ayaa ahaa:

'waxaad hubanti u qaadataan in ay suuragal tahay in Siin ay weligeed gashaanti qasriga joogta sii ahaato, laakiin se suuragal noqon mayso weligeed in aan ka dhigo calafkii Mam, wax kallifaya in aad ogaataan sababtana ma ay jiraan oo aan ka ahayn in aan anigu sidaa doonayo. Wax khasbaya ma jiraan in maanta ka dib aad warkaan dhegahayga ku soo celisaan marka la ga reebo in aad ku tashataan in aad kaakicisaan shar aad maanta ka maarantaan'.

Taajuddiin waxa uu ku sigtay in uu amiirka ka ga hor dhawaaqo in aysan sharkaa ka maarmayn haddii uu keligi noqonayo qiimaha la gu beddelanayo xaqiijinta codsigooda, sidaa oo ka le na aanay jirteen himilo uu ka qabo isbeddel mustaqbalka yimaada oo arrinta sahla iyo rejo ay ka qabeen in maalin uun uu amiirka raalligeliyo asaga oo u maraya tubta siyaasadda iyo debacsanida halkii uu kacdoon iyo dhib samayn lahaa.

☙

MOWLACII MURUGADA

*M*aalmuhu waxa ay Siti iyo Taajuddiin ku dhaafayaan ayaga oo saafi ah oo ifaya, waayuhuna waxaa ay ugu dhoollacaddaynayaan midabbada saafinnimada iyo farxadda, waxaa ayna hareerahooda ku kordhinayaan noloshooda cusub oo ah beero har weyn oo barwaaqo ah, waxaa ayna siinayaan koobab la ciirciiraya farxadda illowsiisay maalmihii walbahaarka iyo kalatagga.

Labadii mucaashaq ee kale weli waxaa ay ku jiraan hurkii dabka sabirkooda iyo qatanaantooda, mid walbana waxa uu habeennada iyo maalmaha ku qaataa teendhada kelinnimadiisa asaga oo aan hareerihiisa ka arag cid wehelisa, dhegihiisa aanay ku soo dhicin codka cid u arxamaysa. Murugadu haddii aysan helin cid xanuunkeeda dabcisa, hinraaggu haddii uusan la kulmin cid sabaalisa oo karkiisa qaboojisa, xaggee ayaa uu dulqaad uga helayaa qofka ay murugada iyo hinraaggu hayaan? Xaggee ayaa ay se isqurxinta iyo degganaantu ay qalbiga u soo marayaan? Waxan la hurayn aroos si ay u ifto, si muragadu wax loo dulqaadan karo ay u noqotana la ga fursan mayo in loo helo saaxiib iyo qof la qaybsada. Haddii se la waayo maxaa ka mudan hammiga ay cidlada iyo kelinnimadu hareereeyeen in uu sabab u noqdo durdurinta iyo waallida!

Taajuddiin markii hore waxa ay farxddiisa iyo murugadiisaba isu dummi jireen Mam, waxa uuna u ahaa dhaqtarka iyo sabaaliyaha qalbigiisa ugu wanaagsan mar walba oo uu hilowgu ku kaakaco. Sitina waxaa ay keligeed ahayd hoyga xanuunnada iyo farxadda walaasheed Siin, illinteedu ku ma aanay daadan jirin meel aan dhabteeda ahayn, farxaddeeduna ku ma aanay buuxsami jirin meel aan dhinaceeda ahayn. Maanta se, labadaani waxaa ay qaadeen jidkii farxaddooda, midba waxa uu ku mashquulay kan kale farxaddiisa. Mam waxa uu ku haray kelinnimadiisa uu ku cidloonayay asaga oo cabanaya, aanay hareer jooginna cid uu xanuunkiisa u sheegto. Waa uu taahayay, hortiisana cid sabaalisa uga ma muuqato. Sidaa oo kale na, Siin waxaa ay isku uruurisay xanuunnadeeda ayada oo aanay cidina dareensanayn waxa haya. Waxaa ay weligeed ku cidloonaysay qolkeeda ayada oo illinta ku qubaysa mugdiyada cidlada iyo kelinnimada dhexdooda. Mar waxaa ay la taahdaa cidlada qasriga ku haysata, mar kalana waxaa ay la oydaa nasiib xumadeeda baas. Waxaa Siin u dhammaaday afartan maalmood oo arooskii walaasheed laga joogo ayada oo la rafaadsan xanuunno iyo walbahaar feeraheeda gubaya, ayada oo aan afartankaa beri cidna sirteeda u sheegayn. Intii muddadaa la gu jiray maskax ahaan waa ay maqnayd, waxaa ayna qolkeeda ka dhigatay mawlaca oohinta iyo hinraagga, raashinkeeda oo dhan waxa uu ahaa margasho, cabbitaankeeda oo dhanna illin ayaa ku walaaqantay.

Afartan maalmood oo ay dabadood quruxlaydii in badan ay quruxdeedu wax indhasarcaadin jirtay ee ay sakhraamin jirtay ay shiiqantay qurxdeedii oo ay raaracsantayy, jeer ay noqotay sidii dayax afar iyo tobnaad ah u sii galbanaya jileec iyo shiiqmid. Adduunmadii qasriga iyo adeegayaashiisii middoodna ka ma aysan sii qarsoonayn sida uu xaalkeedu ku dambeeyay. Waxaa ay la yaabbanaayeen arrinteeda, xaaladdeedana waana ay u turi jireen. Middoodna caad ka ma saarnayn in ay xanuunnadaan ay la rafaadsan tahay sababtoodu ay tahay in walaasheedii ay aadka u jeclayd ay ka la tageen. Marar badan ayaa ay middood ka faa'idaysan jirtay munaasabadaha si ay uga dabciso culayska ay ku hayso xusuusta walaasheed, laakiin se waxba uma aanay tarayn.

Maalin uun, ayaa ay dhammaantood isu yimaadeen, waxaa ayna

aadeen qolkeedii muuqeedu uu jooogay, hareeraha ayaa ay ka fariisteen ayaga oo sabaalinaya oo si dabacsan oo turriimo ah ku leh:

'Ilaa goormee ayaad amiiraddayada yareey sidaa dhan ee xanuunka badan aad u qubaysaa illinta? Ilaa immisa ayaad ku sii noolaanaysaa murugooyinkaan oo aad barkanaysaa hammigaan? Walaashaa, in kasta oo ay kaa tagtay, haddana waxaa ay tagtay ayada oo guulaysatay oo ku faraxsan saaxiibkeedii nolosha e, sababtee ayaa ay ayaduna halkeedaa ugu gedgeddoommaysaa farxaddeeda iyo wehelkeeda, adiguna aad halkaan u dhex fadhidaa illinta iyo murugada? Boqoraddayadaay, intaani ku gu filan. Ku gu filan argagaxaan aanay wax kallifaya jirin. Kac. Qalbigaaga ka ruji hammiyadaan iyo xanuunnadaan. Ilqabatooyinkaaga ka fayd mugdiga murugooyinkaan. Indhahaaga ka qallaji illintaan si uu sixirkoodii u soo noqdo. Wajigaaga ka baabbi' ceeryaamada cidloonshahaan si uu ifkiisii ugu soo noqdo. Koobkaan dhalaalayana ka dhaq raadka illina si ay sidiisii hore oo kale uga buuxsanto jooharadaha cabbitaanka macaan. Dhabtiina, waxaa la gaaray waqtigii ay sakhraddu u soo noqon lahayd madaxyada, raynrayntuna ay ku dawaafi lahayd qalbiyada. Isaga tag qolkaan aad hinraaggaaga uga dhigtay cadaabtii jaxiima. Gummadahaanina dhalaalkooda ha u diraan bartamaha afaafka hore ee qasriga iyo hoolashiisa oo waxaa ku dheeraatay muddadii basaasta. Waxaad ubaxyada ka googaysaa daaha is uruurinta si dhalaalkoodu u muuqdo. Tidacyadaan timahaagana u daa in ay la keliyoobaan in ay garbahaaga ka ruxmaan ayaga oo la koolkoolinayo, timaha hore ee dhafoorradaada ku meegaaran iyo xabbadxabbadda ku soo daadegtay wajigaagana waxaad u oggolaataa in ay labadooduba la ruxmaan neecawda soojiidashada. Dhuuntaan quruxdeeda waxaad u soo celisaa katiinaddeedii, labada dhinacna timahaan habeenkoodu ha ka soo raariciyaan dhegahoodii.

Adduunyadaan iyo quruxdeeda, dabeecadaan iyo dhalaalkeeda, maalmahaan nolosha ee ku gu soo eegaysa gafuur ay ka buuxdo farxadda iyo guushu; ha ka yeelin in adiga oo foorara ay dhammaantood ku dhaafaan. Naftaada ha ka ga sakhraamin koobabka illinta iyo murugada.

Boqoraddayadaay, noloshu waa ay qurxoon tahay. Adduunyada ku gu meegaaran waa ay ifaysaa, ileyskaaga ayaana ka ebyoon. Hinqo, farax, dhoollacaddee, si ay nolosha quruxdu ugu buuxsanto, adduunyadana uu ifku ugu dhammaystirmo'.

Halkaa ayaa ay gabdhihii ku aammuseen oo ay warkoodii ku gooyeen, waxaana hadalkoodii ka xoog batay feerofugladeedii, codkoodiina waxaa ku milmay hiqhiqdii oohinteeda. Waxaa ay ku dhaqaaqday in ay warkooda ka ga jawaabto daad illin ah oo aanay ilaa maanta ayada oo kale qubin. La yaab ma leh oo hilowgu waa dab laabta ka oogan oo aanay waanadu u kordhin waxaan ka ahayn in uu sii huro. Waa sir ku duugan laabaha oo aanay canaanta iyo eeddu tarayn wax aan kashifid ahayn. Weliba, waxaan wax loo dhigo lahayn marka uusan qofka waaninaya waxba ka ogayn sirta murugada iyo xanuunka qofka uu waaninayo, oo waxa uu dhegaha ugu ridaa hadal ka fog dunida qalbigiisa iyo xanuunnadiisa. Caadna ma saarna in taasi aanay qalbigiisa ku biirinayn wax aan ka ahayn dareen qalaan; dareenka cidloonshaha iyo xanuunnada. Gabdhihii ayaga oo murugaysan oo ka xun ayaa uu afkii juuqda gabay. Waxaa ay indhahoodu ku dhaygageen bishimaha Siin ayaga oo ka sugaya eray uun u tilmaama sababta gubashadaan iyo cadaabkaan oo dhan keentay. Laakiin se illintii indhaheeda iyo hinraaggii laabteedu ma aanay oggolaanayn in ay siiyaan jaanis ay u hesho wax hadal ah.

Deetana dhammaantood waa ay kaceen ayaga oo si ba'an uga shallaysan wixii ay sameeyeen. Mid mid ayaa ay qolkeedii si deggan uga baxeen ayada oo ay kaduudyada wajiyadooda ku qormatay muuqaallada wareerka iyo niyadjabka. Waa loo xiray albaabkii qolkeeda markii ay toodii ugu dambaysay ay ka baxday. Wajiga ayaa ay kor u qaadday ayada oo ku dhaygagsan cabsida cidloonshaha iyo kelinnimada oo ku soo degtay, waxaa ayna bilowday in ay hareeraheeda iska tusiso muuqaallada gabdhahaas oo ay mid walba isu beddeshay malluug hammi iyo murugo ah. Waxaa ay gunta qalbigeeda burbursan ka dareentay in ay keligood yihiin saaxiibbadeeda u dummay ee ay u dumantay, ee dheehay mir kasta oo qalbigeeda iyo nafteeda ka mid ah. Waxaa ay bilowday in ay u fiirsato malluugaha hareeraha ka jooga oo ay ku na dhaqaaqday in ay u sheekayso ayada oo leh 'saaxiibbayaal soo dhawaada, saaxiibbada nafaha dhibban, cawayswadaagga qalbiyada dhaawacan, saamilayda sirta qalbiyada caddiban ka shishaysa, muuqaallada lulmada ee fikradaha murugaysan indhahooda, koobabka khamrada ee dhuunta kharaarka, muuqaallada farxadda ee indhaha buka; mucaashaqiinta dhammaantood waxa ay gaareen mawlacyadii xanuunkooda, kuwa jidka qaaday oo dhanna waxa ay gaareen farxaddii wehelkooda iyo guushooda. Waa kan oo qalbigii la ga haajiray uu idin dhex deggan yahay, daraaddiinna uu u faaruqgaraacayo, cid aan idin ka ahaynna aanay tiirarkiisa ku wareegacaddaynayn.

Waxaad maanta xaq u leedihiin in sidii aad doontaan aad u daaqdaan, sidii aad doontaanna aad u maamulataan, iyo in aad taas uga sii tallowdaan dhanka ay jirto dareennadaydu iyo dacallada xubnahayga. Labadayda indhood, waxaan idin ka dhiganaya iftiinka hurdadooda' dibnahayga, waxaan idin ka buuxsan doonaa koobabka khamradooda; fikradahayga, waxaan idin siinayaa maalmaha musiibadayda; maxaase iiga hilow badan in aan idin weheshado habeennada mugdiga'.

Deetana waxaa labadeeda indhood uga dhex bidhaamay malluugtii murugooyinkaas muuqii Siti oo aad mooddid in ay la fadhido, oo ay isa sabaalinayaan ayna isu gu cabanayaan si la mid ah sidii ay maalmahoodii hore ahaayeen, waxayna indhaheedu u guluclaynayeen xagga ismoodsiiskaasi uu ka jiro, oo inta ay ku dhaqaado si ay laabta u geliso ayaa ay oran jirtay:

'abbaayo, ruuxdii Siin iyo araggii indhaheedaay, fadhi wadaaggii farxaddayda iyo hammigaygaay, saamiwadaaggii sirta qalbigaygaay; noloshii murugada naftaydaay iyo jeenigii farxadda noloshaydaay; Ilaahay ayaa iska leh waayahaan nafaheenna ku kulmiyay dabeecad mid ah, haddana ina gu ka la duway nasiibka iyo guusha! Ma wax ka weyn baa jira in calafkii aad doonaysay uu kuu yimaado, oo uu ku gu liibaaniyo xiddigii aad ku riyoon jirtay. Waayuhu ha kuu dhoollacad-deeyaan, dhoollabirayntiisuna waa tacsida hammigayga. Noloshu guul ha ku siiso oo guusha ay ku siiso waxaa ay dabcinaysaa guuldarradayda.

Balse, si walba oo uu nasiibkayga mugdigiisu u xoogaysto, ka ma uu badna calafka ay waajibka tahay in aan ku raalli noqdo oo aan ku xasilo. Tan iyo bilowgii uunkaba waxa uu calafkaygu ahaa hammigaan igu meegraan iyo hoogga naftayda ka aloosan. Kaasi waa wax qaddaran oo qoraal ah. Saafinnimada nolosha iyo farxaddeedu waa dhankaaga, murugadeeda iyo xanuunnadeedana qalbigayga ayaa leh. Waxaad leedahay Taajuddiinka ku siiyay adduunyada iyo farxaddeeda, aniguna waxaan leeyahay Mamga ay ii keentay asaga oo ay weheliyaan hammigeeda iyo guuldarradeedu. Ilaahayna waxa uu igu leeyahay wixii uu doono ee ah aqbalidda xukunkiisa iyo ku raallinoqoshada qaybintiisa'.

Habeenkii miyaa, waxaa ay sidaa oo kale waqtiga intiisa badan diidi jirtay wax aan ka ahayn in ay dhafarto ayada oo qolkeeda ku cidloonaysa. Marar badan ayaa ay jeclaysan jirtay in ay ag fariisato shamacyo dhinacyaeeda ka shidan, ayada oo u fiirsanaysa sida ay u gubanayaan, dhibcahooda sidii illintii dhinacyada u daadanaya, iyo sida ay ugu sii siqayaan shiilmidda iyo dhammaanshaha. Waxaa ay markaana si murugo iyo walbahaar daran ah u dareemi jirtay sida ay ayaduna u noqotay mid ka mid ah shamacyadaas oo ay ugu sii socota dhanka tirtirmidda iyo damitaanka. Haddana waxa ay araggeeda lig ka ga dhigi jirta shamacaas ayada oo ku foorarta, u sheekaynaysa oo leh:

'abbaayada ku beeggayga taagan ee dabkayga oo kale ku gubanaysaay, waxaad gar u leedahay in aad qaddarta kamatid oo aad uga mahacelisid farqiyada u dhexeeya xanuunnadayda iyo xanuunnadaada ee u kala fog sida ay u ka la durrugsan yihiin qorrax soobaxa iyo qorrax dhacu. Dabkaagu oogada sare uun buu ka muuqdaa, dabkaygu se waxa uu ka hurayaa gunta qalbigayga iyo uurkujirtayda. Dabkaagu waxa uu kaa gaarayaa xarriiqda liifaddaan ma na uu dhaafayo, dabkayguna waxa uu hurkiisu jibaaxayaa dhammaan waddooyinka ruuxdayda, waxa uuna holaciisu dagaal ka oogayaa dhinacyadayda iyo jirkayga oo dhan.

Asagu, xaggaaga sare waa ka nuur ay hareerihiisa ka ifayaan qurux iyo ileys, uurkaygana waxa uu ku yahay qundul hareerahayga ka buuxinaya mugdi iyo gudcur. Asagu, carrabkaaga waxa uu ku yahay sixir aftahamo, hadal-aqoon, iyo codkarnimo ah, dhinacyadayda iyo feerahaygana waxa uu ku yahay xanuunno gubaya oo iga qaadaya dhawaaqa iyo hadalka.

Haddana, xaggee ayaad ka la siman tahay hurka dabkayga iyo hinraagga natayda xilliga aad huruddid waabberiga ilaa habeenka. Hinraag kaawiyad ah, hur karkaraya, holac baxaya, oo aanu midkoodna sigayn in uu har iyo habeenba xilli uun u raaxeeyo naftayda, aysan jirinna af daminaya iyo neecaw bakhtiinaysa'.

Intii ay foorartay ayaa ay milicsantay balanbaallisooyin ku wareegacaddaynaya shamacyadaas, waxaa ayna galka ka ga bixisay laba indhood oo illinta aawadoodna maqan:

'shimbiryahow ka cararaya buulka kalatagga, bulbulyahow lagu mammanaysiiyay ifka holaca, xujo yahay la gu oogayo ashtakoodaha beenlowga ah ee naftiisa ayada oo raqiis ahna si geesinnimo iyo hilow leh u bixinaya;

Waxaad ii sheegtaa, inta aad wareegaysay miyaadan daalin? Miyaadan ka noogayn socodkaan giriirka badan ee aad giraantaan sida joogtada ah ugu wareegaysid? Laakiin waan ka xumahay, waan ka xumahay in qofka xagga geerida degganaan iyo kalyo-adayg ugu sii wajahan la la simo kan xaggeeda ugu socda dhibsasho giriiraysa.

Waxaa ay ahayd in aad ogaatid in saskaan dedaalkaaga ku jira uu muujinayo argagax ceeb ah iyo in giriirkaaga joogtada ah uu yahay salfudayd aan fiicnayn, sida aad dhammaansha ugu degdegaysid ayada oo uusan jirku hilowgiisa ku bislaanna ay keliya tahay ka takhallusidda samirka iyo xanuunnadiisa.

Bal maad fariisatid oo sidayda oo kale sabirtid jeer uu jirkaagu ku dhalaalo dheriga mindhicirka, walaxduna ay ku shiiqantu dabka ruuxda? Oo haddii ay taasi dhacdo waxaa ay xaqiiqada dhulku isu gu kaa rogi lahayd ruux nadiif ah iyo waaritaan, waxaa ayna kuu noqon lahayd naf saafi ah oo ku jirta koob la ga dhex arki karo oo nuur ah, waxaana kuu suurageli lahaa in aad xabadka gelisid holacaan adiga oo aan guban, iyo in aad dhinacyadiisa ku gedgeddoontid adiga aan shiilmin'.

Sidaa ayaa ay noloshii Siin ugu sii socotay la cidloonshaha malluugaha iyo muuqaallada aan loo jeedin iyo la sheekaysiga khayaaliga iyo ismoodsiiska. Intaa oo dhan ayaa la wareegacaddayn jiray, deetana waxaa maskaxdeeda iyo qalbigeeda ku xasili jiray hal shay. Waa magaca Mam. Waa calafkeeda la dabageddiyay ee ka fogeeyay ruuxdeedu kii ay u dumantay, ka na saaray farxadda adduunyada iyo barwaaqadeeda.

ভ

RAFAADKII MAM

Mam waxa uu ahaa samirlaawe aan xasiloonayn xataa marka uu saaxiibki dhinac joogay ee uu la wadaagsanayay xanuunkiisa iyo jacaylkiisa e, bal ka warran maanta oo uu saaxiibkii hareerihiisa ka waayay, qalbigiisa ay rejadii ka libidhay, aysan una harin wax aan ka ahay suuradda Siin oo wajigeedu ka ifayo madaxiisa asaga oo ceeryaamada quusta xanuunka badan ee dilaaga ah ka shisheeya.

Waxaa ay ahayd muddo maalmo kooban ah oo uu durbaba qarsoomay barbaarkii ashqaraarka ahaa ee ku isku la qumanaa awooddiisa iyo shaqsiyaddiisa, una bogsanaa geesinnimadiisa iyo dagaalyahannimadiisa, oo deetana waxa uu ku soo baxday aadane kale oo uu muuqaalkiisu basbeelay, hareerihiisana ku eegaya indho fiigsan sidii oo aad mooddid in musiibo ama waalli ay ku dhacday oo har iyo habeen madowba hortiisa isaga socda asaga oo ku meegaaray-sanaya taagsimaha iyo qararka. Mar waxa uu u jihaysanayaa jiinka Dajla. Xilli waa uu ku sii socdaa, marna waa uu ka soo socda. Marna waxa uu tafayaa fiinta sare buuraha. Mar wuu korayaa, marna waa uu ka soo degaya. Dhankii ay doontaba ha ahaatee meelna ma uusan saldhiganayn, in uu cid weheshadana u ma uusan dhawayn.

Waa Mam laftiisii. Mucaashaqii ay madaxmartay quustii qalbiga ee hal mar saska ku ridday ka dib markii ay naftiisu himilada isku dhejisay ee ay ku dhawaatay in ay barwaaqowdo. Waa saaxiibkii

gaarka ahaa ee Taajuddiin laftiisii. Maanta wuu ujeedaa laakiin waa
ay adag tahay in uu garto. Waa uu la fariistaa, oo madixiisa foorarka
ka ma uu soo qaado, ku la mana uu hadlo wax aan taahiisa iyo
hinraaggiisa ka ahayn. Waa xoghayihii xafiiska amiirka laftiisii.
Maanta waxa uu soo galayaa xafiiska, amiirka ayaa uu hortiisa uga
jeedaa, haddana waa uu awoodi waayayaa in uu oohintiisa qariyo.

Laakiin sidaa oo ay tahay waxa uu sirtiisa ka qarin jiray uunka oo
dhan marka la ga reebo saaxiibkii oo aanay u harin wadiiqo uu ku
hanan karo oo uu isu gu dayi karo ka farxintiisa. Markii se uu
hilowgu ku kaakaco ee ay qarintuna ku adkaato ayaa uu dhabbaha u
fuuli jiray xaggaa iyo cidladaciirsiladii jiinka webiga ama buuraha
qaar dhakadooda, oo halkaa ayaa uu iska ga soo neefin jiray wixii uu
doono oo hinraaggiisa iyo taahiisa ah. Waxa uu qubi jiray dhammaan
indhihiisa illinta ku jirta, waxaa uuna dabaysha hareerihiisa socota
iyo biyaha hortiisa qulqulaya uu ka dhigan jiray fadhiwadaaggiisa uu
uga cawdo hammigiisa, waxa uuna u sharrixi jiray dabkiisa. Saacado
badan ayaa uu ku qaadan jiray jiinka Dajla asaga oo u la soo fadhiya
sheeko dheer oo uu ku sii daayo oogadiisa wirqaysa. Waxa uu ku
dhihi jiray:

'kaagan sida illintayda oo kale u burqanaya, u kacsan sida dabka
hilowgayga, maxaan kuu arki la'hay saacad habeen ama maalin ah oo
aan ka ahayn tan aad kacsan tahay adiga oo fara badan, xasiloonina
aadan lahayn oo aadan isdejinayan? Mise waxaa ay u eg tahay in aad
sidayda oo kale la dhibban tahay hoogga caashaqaan iyo waallidiisa,
sirtaaduna ay ku duugan tahay gacaliye kaa qaaday xasiloonidii iyo
degganaantii, oo markaana xusuustii ayaa dhinacyadaada gudahooda
ku kaakicinaysa kacdoonkaan joogtada ah? Laakiin se mucaashaqaagu
yuu noqon karaa oo aan ka ahayn jasiiraddaan cagaaran ee aad
weligaaba isku meegaaraysid? Haddaba, kacdoonkaagu muxuu ka
dhigan yahay? Soo tan ay labadaada dhudhun dhex huruddo,
guryaheedu ay qalbigaaga ku xasilan yihiin, midigtaadu ay dhexdeeda
ku dheggan tahay, bidixdaaduna ay ku goglan tahay kuusha dhuunta
korkeeda?

Intaa oo dhan, haddana ma dareensanid nimcada iyo waajibka

ka mahadcelinteeda. Waxaad joogtaynaysaa xumbaynta iyo xoorinta. Kacaankacaagu waxa uu gaaraa afaafka cirka, hurkaaga jabaqdiisuna waxa ay gaartaa guryaha Baqdaad! Bal waa kane ii sheeg waxa intaa ka shisheeya ee aad doonaysid? Himilo nocee ah ayaa kaa luntay si aad daraaddeed hareeraha naftaada u sii joogtid? Waxaa kuu ekayd in baroortaadaani ay dhuuntayda ku jirto, kacaankacaaguna naftayda, aniga ayaana dhabtii kaa ga habboonaa in hinraaggaygu cirka gaaro iyo in hareeraha beledkaan uu hurka qalbigaygu ku fido.

Waa aniga weliga qalbigayga ku la sii joogsanaya toorray caaraddeeda lagu muday, markii uu iga fog yahayna waxaa indhahayga loo muujinayaa biriqa biyo macaan, deetana waxaa qalbigayga ku xasilaya sun dilaa ah oo aan maanta dawo loo hayn. Dajloow, asagu maanta waa qalbi abaarsaday, holaca quustuna ay gubtay e, maxaa ku gaari lahaa haddii aad mar dhugan lahayd ama inta aad dawaafaysid aad ku soo wareejin lahayd goglahaan cagaaran ee ubaxyada narjiska iyo banfasjiga la gu xardhay? La ga yaabee in laan uun ay u cagaaran lahayd ama ay suntiisa dhexdeeda ay neecaw macaan uga dhawaaqi lahayd'.

Deetana waxa uu ku jeesan jiray dabaylaha hareerihiisa ka dhacaya si uu uga dhigto warlalis uu u dirsado boqoraddii qalbigiisa, waxa uuna gudageli jiray in uu farriinta u yeeriyo oo uu dhaho:

'neecawyahay ku soconaysa dabacsanida ruuxda, ee horteedana loo furo albaabbada cid walba oo awood leh oo aan loo geli karin, ma la ga yaabaa in aad u soo jeedsatid codsi uu kuu soojeedinayo midkaan dabran ee xabbisan? Haddii ay sidaa tahayna, neecawyahay waxaad aaddaa xagga beri, waxaadna ku arki doontaa ashqaraar daran, qurux iyo mowlacii farxaddayda iyo wehelkayga. Markii aad gaartid, waxaad ugu horrayn istaagtaa xatabadda si aad u dhunkatid. Deetana u dhawoow boqorkii quruxdaas, laakiin si isdhuldhig iyo dabacsani leh, adiga oo ammaanta uu mudan yahay siinaya, ixtiraamka uu u qalmana la imaanaya. Deetana dhawr tillaabo dib u soo qaad si aad ugu bandhigtid farriinta ruuxda huraysa. Waxaad ku dhahdaa waxa ay ka timid martigaagii dhiiggiisu ahaa khadda qalinkaaga, jirkiisa hurayana uu ahaa xaashiyihii buuggaaga.

Markii aad ku aragtid dabacsani ay astaamaheedu wajigiisa ka muuqanayaan waxaad si edeb iyo dhimrin leh ugu dhahdaa:

'boqorkaygiyow, asagu waa hooge miskiin ah, waxa uu muddo ku noolaa riyo kooban oo turriimadaada ah oo deetana si degdeg ah ay riyadii u kala yaacyday, turriimadiina ay luntay. Waxa uu noqday ruux ku turaanturroonaya mugdiyada hoogga iyo guuldarrada. Ilaahay baan ku dhaartaye ma uu garanayo dambiga uu sameeyay, haddii uusan ahayn qalbi garanaya in uu labadiisa dhinac dhexdooda ka ruxmayay, oo maantana baxsad ka ah oo uu muddoo dheer ka hor waayay. Waxaa la ga yaabaa intii uu dhinaciisa ka garaacmayay in buufis iyo hawo ay la tageen, waxaana la ga yaabaa in uu markaas gef ku dhacay ama uu sameeyay dambi sida ka dhacda kuwaan la la abuuray dhimmanaanta, halmaanka, iyo illowga. Haa, boqorku waxa uu gar u leeyahay in uusan cafin caasinnimada addoonkiisa iyo in uu ciqaabtiisa ka yeelo sidii uu doono. Laakiin se ma wax fog baa in uu huwiyo turriimadiisa, ayna haleesho naxariistiisu oo uu markaana u dhaweeyo harka ilaalintiisa iyo dabacsanidiisa?

Deetana, neecaw yahay ha illaawin in aad ii la soo laabatid ciidda meeshaas habaaskeedii. Wax yar ba ha noqotee ii la soo noqo, oo haskeedu waa udugga qalbigayga iyo dawada cudurkayga'.

Marka se uu ugu xanuun iyo gubasho badan yahay waa marka la arko asaga oo naftiisa isku uruuriyay oo foorara, ka na maqan waxa hareerihiisa dhooban ee muuqaallada adduunka, suuradaha dabeecada iyo dadka. Xilligaas waxa uu qalbigiisa ku la jiraa muran ba'an. Waa qalbigiisa hal mar ka sii jeestay ee aan dib dambe u aqoonsan. Waxa joogto u ahayd in asaga oo uu xanuun ba'an hayo uu yiraahdo:

'khiyaanoole yahow ballanburinta badan, ii sheeg, ma xusuusataa? Ma xusuusataa ballamihii, axdiyadii, iyo dhaarihii aad maalin ii mari jirtay ayaga oo isku duuban si aad iigu qancisid heerka oofintaada iyo daacadnimadaada? Ma xusuusataa markii aad si adag oo ka go'naansho ah aad iigu caddayn jirtay in aad wax walba iiga run sheegaysid iyo in aad mar walba iyo waqti walba igu xirnaanaysid? Ma xusuustaa markii aad hortayda ku faanaysay adiga oo afkaaga muggii ku sheeganaya in aad karti iyo adkaysi badan u leedahay tubtayda iyo aniga daraadday? Ma xusuusataa markii aad fadhiday adiga oo i tusinaya jacaylka cajiibka ah ee aad ii qabtid heerka uu joogo. Jacaylkaas aysan suuragalka ahayn in wax uun ay kaa mashquuliyaan, oo aan lagaa duufsan karin? Ma xusuusataa markii aad iskibrnaysay ee aad dadka darraadday iska la weynaanysay ee aad i dareensiinaysay sida aad daraadday u yasaysid cid walba oo arladaan ku dhaqan? Waan ka xumahay. Waan ka xumahay markii aad intaa oo dhan ku xaradhay afuuf cudurdaarkaaga ah ee aad hawadii naftaada ee ugu horraysayna aad hal mar halmaantay aadna iiga tagtay meel aanan ka helayn jid aan kaaga daba imaado oo aan ku gu soo gaaro. Waxaad shimbir yahaw yarkaa ee kharriban aad ii sheegtaa, yaa xaq kuu siiyay in aad aaddid meeshii aad doontid adiga oo igaga tegay in aad gadaashaa noqdo ruux cadaaban oo jirkaan ku xabbisan? Ruuxdaan lagu gu mataaneeyay, ee idinka oo ah saaxiibbada ugu fiican aad soo wada noolaydeen, ayada oo jiritaankaaga mar walba ku xoojinaysay sir qulqulkeeda ka mid ah, ku gu na firdhinaysay ifka nuurkeeda. Ku gu filan salfudaydku qalbiyahow. Ku gu filan fogaashaha iyo dhumbashada waxa aan la garanayn adiga oo ka keliyoobay ifkii ruuxdaada iyo nalkeedii, oo dariiquna-hooge, waa mugdi, yoolka kaa horreeyana waa uu fog yahay.

Ayadu, hooge, waa ruuxdaadii. Ruuxdaadii qayb kaa mid ah ahayd. Ayada ayaa ka ga habboon oo ka mudan ruux walba oo aad daba ordaysid. Haddii ujeedkaagu yahay qurux, hadde ma wax ka badan baa jira waxa ay ruuxdaasi kaa siisay quruxdeeda. Haddii ay tahay nuur iyo if, hadde waa kuma qofka ku gu quudin kara wax ka badan nuurkeeda iyo ifkeeda? Qalbiyahow soo noqo. Soo noqo oo yaanay ku gaadin ilqabatooyinka la gu kadsoomo iyo dhafoorradu, ha na rumaysan wax uun ka mid ah dhoollacaddaynta gafuurka iyo bishimaha. Yaanay ku qaadin indhasarcaadka indhaha waranka ku gu mudaya ama yaanay ku jiidan iftiinka ka baxaya wajiyada ku laban mugdiga timaha isku marmaran. Dhammaan, waxa aad ujeeddid ee indhahaaga ka ifaya waa dab iyo dhimbilo si dhaqso ah kugu hurinaya holac, aadna ku halaagmaysid kulkooda. Haddii kale se waxaad la mid noqonaysaa sidii kun Bulbul oo saacadaha cimrigooda ku idlaysta beeraha iyo ubaxyada dhexdooda ayaga oo ooyaya oo xanuunsanaya, deetana aan ka calfan wax ka badan calafka ay balanbaallistu holaca ka hesho. Hur, kul, iyo gubasho. Intaa ka dibna waa gobol harag ah oo qallalan oo la gu tuuray halka ay dabayshu uga dhabato ubaxyada iyo laamaha.

Qalbi yahow, waxaad naftaan banyaal uga dhigtay goobta hawada iyo raaxada, ujeedkaaguna waa gaaridda saafinnimadeeda iyo in aad barwaaqadeeda ku raaxaysatid. Laakiin se anigu waxaan garowsaday wixii uu igu yiri dhaqtarkii khabiirka ku ahaa cudurkaan ee ahaa 'dawadaadu waa ka hortagga legdinta shahawaadka, waxa aad doonaysidna waxaa ay ku hoos duugan yihiin qodxaha laylinta iyo qatanaanta shishadooda'. Waxa uu uu dhaqtarkaani ii sheegay in cudurka laftiisu uu yahay sharaabka macaanka badan ee ay naftu u hanqaltaagayso iyo in dawaduba aanay ahayn wax ka baxsan dacartaas aad ka cabanaysid ee aad ka yaqyaqsoonaysid.

Qalbiyahow sidee kuu la hadlaa? Maxaan kaa ga sheekeeyaa? Maxaan se dhahaa? Ma ba ku arko. Adiga oo iga sii socda oo sheekadayda iyo codkayga ka mashquulsan wax aan ahaynba ku ma arko. Waxaa la gu moodaa sidii in aadan weligaaba aqoon qofka codkaan iyo codisagaan leh'.

Halkaan markii la joogo, erayadaani ka ma baaqsadaan in ay dab ku shidaan qalbiga miskiinkaan, ayna sal iyo baar isqabsato kul aad mooddid qiiq iyo biyo kulul, durbana waxaa uu kulkaani isugu dhegaa sidii daruur uugaan ah oo maalin roobeed joogta, deetana waxaa ka fatahma daad illin kulul ah oo labadiisa indhood ka qulqulaysa. Halkaa ayaa uu Mam ka bilaabay in uu isu dhiibo illintaas asaga oo shaamshaam ah oo anfariirsan, waxa uuna isku sii babbiyaa holaceeda, asaga oo isku firfircooni gelinaya qulqulkeeda ka dib marka ay ceejiyaan erayada dhuuntiisa ku margaday jeer ay indhuhu qallalaan, ayna miirmaan haraadigii ruuxdiisa iyo beerka oo uu haddana ku laabto dagaalkii u dhexeeyay ruuxdiisa iyo qalbigiisa, oo uu mar kale na ku ceeqsamo dareennadii kakanaa, uuna la sii rafaadsanaado margashadeedii ilaa inta ay uga arxamayso haraadiga ruuxdiisu daad kale oo illin ah. Sidaa ayaa ay arrintu u soo laalaabanaysay oo u soo noqnoqonaysay. Mam waa uu ooyay jeer ay indhihii qarxeen, xanuun iyo gubashana ka ma aanay baaqsan jeer uu ku dhawaaday in dhimbishii noloshiisu ay danto. Awooddiisu ma aanay dayn soo hoobasho, adadayggiisu soo dabcid, midabkiisuna huruudoobid ilaa ay qandhadii ku tuurtay meel ka mid ah jiinka webiga Dajla asaga oo keligii ah oo aanay la joogin cid aan ka ahayn qaar ka mid ah saaxiibbadiisa daacadda ahaa ee soo booqan jiray, xilli ka xillina sabaalin jiray. Gurigii uu magaalada ku lahaa se waxa uu ka tegay intii uusan xanuunku soo ridan, oo waxa uu ku dedaali jiray in aanay cidin ogaan sirta qalbigiisa marka la ga reebo asxaabtiisa kan ugu dhawaa ee Taajuddiin, waxa uuna sidaa u yeelayay cabsi uu ka qabo in ay amiirka arrintiisu gaarto oo uu kakanaantiisa ugu sii daro dabka ficilada, khayaaligiisuna uu la aado meel aad waaqaca uga durugsan.

☙

SAFARKII UGAARSIGA

*W*axaa ay ahayd maalin ay qorraxdiisu dhalaalayso, cirkana uusan caad saarnayn. Waxaa ay dabeecadu isku qurxisay lebbiskii ugu qurxoonaa iyo xaradhkii ugu xeeldheeraa. Quruxda waayuhu waxaa ay la jaanqaadeen dhoollabiraynta beeraha iyo ubaxyada. Beeruhu waxaa ay la iftiimayeen xariir cagaaran, waxaa ayna la ruxmayeen neecaw aad u udgoon. Taagsimuhu waxaa ay ahaayeen taakooyin dhagaxa zumrudka [emarlad] ka samaysan oo saaran dhabanka dabeecada oo ay dacalladeeda awoodda abuuruhu ay ku firdhisay midabbada dahabiga ah kuwooda ugu xeeldheer. Buuraha dhaadheer waxaa ay hareeraha figtooda cagaaran ay ku tidicday calaamado waaraya oo qurux iyo haybad ah oo muujinaysa weynida awoodbadanaha qotomiyay ee istaajiyay. Taagsimuhu waxaa ay la ciirciirayeen geedo dheerdheer oo laamahooda isa suran ay ka soo baxayeen heesaha bulbullada iyo shimbiraha ka la duwan. Ilaha biyuhuna waxaa ay dhex jibaaxayeen dhammaan intaa ayaga oo dhalaalaya oo wirqaya, la na moodo xaradhka agabka isqurxinta oo ka wirqaya waaxyaha gabar qurux badan. Warlaliskii amiirkuna waxa uu xilligaa ka hor dadka kor ugu sheegay in amiirku go'aansaday in uu berri ugaarsi tagayo, qof walba oo haysta qaanso ama waran ama xoog iyo karti lehna la ga donayo in uu kolanyada amiirka u raaco cayaartaas uu asagu korjoogtayn doono oo uu ka qaybgeli doono.

Subaxdii la gu ballamay ayaa ay soo dareereen dhammaan madaxyaweyntii jasiiradda, waxgaradkeedii, geesiyaashaadii iyo dagaalyahannadeedii. Waxaa magaalada bannaankeeda u horkacayay amiirka iyo golihiisii, dhammaantoodna waxaa ay ku jeeniqaarraayeen qaansooyinkoodii, waxaa ayna hore u soo qaateen wax walba oo lagamamaarmaan iyo agabba u ah ugaarsiga. Waxaa ka daba yimid badi dadkii jasiiradda ee lahaa yar iyo weyn, rag iyo dumar, si ay ugu raaxaystaan daawashada cayaarta cajiibka ah ee uu amiirku korjoogtayn doono. Durba waxaa ay ku kala yaaceen togagga iyo taagsimaha, ayaga oo ka la socdana waxaa ay ku libdheen oogada sare ee buuraha. Waxa uu qof walba baadigoobayay wax uu caawa cid kale ugu faano. Waxaa la ga yaabaa in uu kani calaf u yeesho libaax ama shabeel khatar ah oo uu dadka ugu soo bandhigo geesinnimadiisa iyo dhiirranaantiisu heerka ay le'eg tahay. Waxaa la ga yaabaa in uu kaasi helo garanuug dhabannahays ah si uu caddayn uga dhigto fudaydkiisa iyo xariifnimadiisa. Waxaa la ga yaabaa in uu mid kale la yimaado noocyo dhif ah oo shimbiro iyo xayawaanno ah. Waxaa la gayaabaa in mid uu soo gurubsaday wax uun ka mid ah qayb walba iyo nooc kasta, oo dadka dhexdoodana ruxaya warankiisa iyo qaansadiisa, ka na wararacsiinaya dhudhunkiisa xoogga badan, waxaana la ga yaabaa in uu ka daba yimaado qof uu calafku khiyaamay oo aan wax nasiib ah yeelan.

Amiirkii, asna sidaa ayaa uu ugu qaybinayay u bogitaankiisa iyo qaddarintiisa, qof walbana waxa uu abaalka iyo soodhawaysashada ka siinayay wixii uu mutaystay.

CB

KULANKII MUCAASHAQIINTA

*I*mminkana aynu ka tagno duulkaas u kala yaacay gollayaashaas ayaga oo danahooda ku mashquulsan. Aynu ku soo laabanno dhismayaashii cidlada noqday markii ay dadku ka tageen. Aan afka saarno xaggii qasriga. Waxaa aynu meel fog ka bidhaansan doonnaa muuqa gabar taagan daaqadaha middood ayada oo aan dhaqdhaqaaq samaynayn oo foorarta. Markii ay tallaabadeennu u dhawaatana waxaa noo caddaanaysa in gabadhaani Siin oo qura ay tahay. Quruxlaydii maalin uun indhaheeda, dabacsanideeda iyo baashaalkeeda ku gaaddacayaarsiin jirtay dhinacyada qasriga. Waa tan oo ay maanta daaqaddaan taagan tahay ayada oo basbeeshay oo foorarta, hammiga iyo murugadu ay cusleeyeen, caatada iyo cudurku ay rifeen, madaxeeda ku tiirisay calaacasheeda tuunsan, waxaa ayna indhaha faylasuufyada iyo murtiilayaasha waaweyn ayada oo adeegsanaysa ay u fiirsanaysaa aammuskaan ku habsaday qasriga iyo badi luuqluuqyada iyo fagaarayaasha ka shisheeya. Waxaa ay muuqaalkaa soo kordhay ee xasiloonida iyo aammuska ah ay ka akhrisanaysaa macnaha baabba'a iyo dhammaanshaha sugaya qof walba, ka na dambaysa saacadaha cayaartiisa iyo baashaalkiisa. Waxaa uga muuqday tusaalaha xaaladda qalbigeeda bahgooyada noqday ee ahaan jiray mid ay dhalaaliyaan himilooyin xeeldheer oo ay riyooyin wanaagsan ku gedaaman yihiin, deetana ilbiriqsi gudihii ay gubteen dhammaan filashooyinkii, waayuhu ay dambaskoodii ku bidiyeen, riyooyinkii qurxoonaa ay ka la yaaceen, waqtiguna uu hurdada ka ga kiciyay jacda hoogga iyo qaditaanka. Intii ay sidaa ku jirtay ayaa waxaa indhaheeda hoostooda uga bidhaamay beertii qasriga oo ahayd mid weyn oo ka la durugsan, amiirkuna uu ku farayaraystay qaabaynteeda iyo halabuuriddeeda. Waxa uu isugu keenay dhammaan geedihii khudaarta iyo qaar kale. Waxa uu isku aaddiyay noocyada iyo midabbada ubaxyada ay dabeecadu ka dhalisay taagsimaha oo dhan ama jiinkii webiga. Waxaa la dhex mariyay kannaallo dhalaalaya oo hareeraha maraya si ay u noqdaan dhammaystirka muuqa ashqaraarka leh iyo halabuurka.

Waxaa u bidhaantay beertaas oo maran, deggan, dhexdeedana aanay cidi marayn, laamaheeda dhexdoodana aan la ga arkayn cid weheshata ama dhegaysata oo aan ka ahayn balanbaallisooyin ubaxyada dhex wareegaya iyo shimbiro codkooda la ga dhex maqlayo caleemaha laamaha. Waxaa ay isku la sheekaysatay-ayada oo ka heshay baahinafeeddeeduna ay ku raacday, in ay ka faa'idaysato fursadda ah jiritaanka haraadiga awoodda jirkeeda iyo dhaqdhaqaaqa xubnaheeda, ayna ka baxdo qasrigaan ay ku xabbisan tahay si ay xoogaa yar u socoto beerahaas dhexdooda-la ga yaabee in ay neecawdooda dhexdooda ka hesho qabow raaxo iyo firfircooni siiya.

Siin waa ay yeeshay arrintaan ku soo dhacday, waxaa ayna ka soo degatay qasriga ayada oo luudaysa oo aad u noogsan, kuna wajahan xaggii beerta. Waxaa ay xiratay maryo fudud oo xariir cad oo jilicsan ka samaysan, waxaa ayna dhexdeeda kor ka ga xirtay suun madow oo la gu naashnaashay xaradhyo ka la duwan oo dun qalin ah la ga sameeyay. Timaheeda inta ay isu keentay ayaa ku xirtay taako madow oo la ga sameeyay dun adag oo u samaysan sidii koofiyad yar oo ay labadeeda dacal ka soo taagan yihiin laba daliigood oo qalin ah, waxaa ayna dacal u leexisay wajiga korkiisa, dacalka kalana waxaa uu ka sarreeyay dhafoorka, waxaana hoostiisa ka muuqday timaheeda madow ee sii daysan.

Beertii ayaa ay gashay, waxaa ayna bilowday in ay dhinacyadeeda ku lugayso ayada oo indhaha la raacaysa shimbiraha duulduulaya laamaheeda dhexdooda, oo waxaa ay ku lahayd:

'shimbira yahow faraxsan, waxaa beerahaan dhexdooda iigu kiin dhex jiray shimbir miskiin ah, nasiibkiisu madow yahay, xiddiggiisu hoobtay, waxa uu idin ka maqan yahay intii muddo ah, waxa uuna u duulay hawada asaga oo sii socda oo aan soo socon! Miyaa uusan idin ku jirin cid garanaysa halka uu saldhigtay iyo laanta uu buulka ka dul dhistay? Ma se idin ku jiraa qof ii sheega in uu nool yahay oo ay weli baalashiisu bidayaan, uuna ka dul heesayo laamaha korkooda mise wayaha ayaa sidayda oo kale afgambiyay oo inta noojiyay soo riday?'

Deetana waxa uu socodkii ku la soo dhammaaday geed haraca agtiis, way isku tuurtay oo waxaa ay isku tiirisay jirriddeeda, waxa ayna bilowday in ay u fiirisato ubaxyada ka la duwan ee ku hareeraysan. Haddana waxaa ay isheeda ku joojisay ubax jaalle ah oo ubaxyada kale ee ku meegaaranna ka ga soocan midabkiisa jaallaha ah ee xad-dhaafka ah. Waxa uu midabkaasi kaakiciyay shallaytadeeda, waxa uuna toosiyay xanuunnadeeda. Waxaa ay degdeg u sawiratay in ay sideeda oo kale caddiban tahay, ayna midabka jaallaha ka marsatay rafaadka ay beertaan ka la kulantay ee kelinnimada iyo cidloonshaha ah. Cid u arxamaysa ma ay jirto, cid u dabcaysana ha sheegin. Markaa ayaa ay bilowday in ay si dabacsan oo naxariis ah ugu dhahdo:

'ubax yahow jaallaha ah, huruuddaadaan Ilaahay baan ku dhaartaye waa ay imurjisay e, iiga sheekee. Adigaan miskiinta ahna ma waxa uu kuu yahay midabka hooggaaga mise waa u daqnashada iyo u naxariishada kuwa ila midka ah ee ba'y? Mise waa Bulbullo ay dhammaantood ku mashquuleen ubaxyada guduudan oo aad keligaa ka soo hartay adiga oo aanay hareerahaaga joogin cid kuu wehelyeesha ama saaxiib? Aaaa'! Miskiin yahay waa qisadayda lafteedii! Waxaan leeyahay abbaayo sida ubaxyadaa dhalaalaya ee guduudan oo kale ah. Waxaan lahaa Deewaad aan anna in badan ka baryay in uu anigana asaga iiga farxiyo, laakiin se waa uu diiday oo uu iga fogeeyay, waxa uuna dabadi iga waraabiyay dulliga hoogga iyo haantooyga'.

Waxaad mooddaa in ay qaddartu naxariis la doonatay labadaan

gacaliye ee rafaadsan maalinkii ay dadka oo dhan oo aysan ayagu ku jirin ay aadeen cayaarta iyo baashaalka, waxaa ayna go'aansatay inta xaalku deggan yahay in ay u turto. Waxa ay ku dhaqaaqday in ay xilligaaba mucaashaqaa gogosha xanuunka dul bilqan ay uurka ugu riddo doonista dhaqdhaqaaqa. Socodka, socod jiho uun ah. Waxa uu bilaabay in Mam uu gogoshiisa ku galgasho asaga oo aan war u hayn waxa ku riixaya hinqashadaan naftiisa ku soo kedisay. Deetana waxa uu naftiisii ka fayday daboolkii, waxa uuna ku dhaqaaqay in jirkiisa daallan uu ku dhibtoodo sidii uu uga kici lahaa gogoshaan intii muddo ahaydba dhinaciisa ku dhegganayd. Deetana waa uu hinqaday, waxa uuna xirtay shuluggiisii jilicsanaa ee ka sarreeyay isku joog iska caadi ah oo uu xirnaa, lug buuna halkaa ka bilaabay.

Waxa uu cagta saaray jidka hortiisa ku beegan asaga aan dhinaca uu aadayo go'aan ka gaarin. Waa uu iska sii socday asaga oo luudaya oo isdhibaya jeer uu is arkay asaga oo suuqyada magaalada dhex maraya. Waxa uu markaana degganaanta badi jihooyinka magaalada ku faafsan ku garowsaday in dadkii ay maanta ka daba baxeen amiirka iyo saaxiibadiisii aaday safarkii ugaarsiga oo ay u daawasho tageen. Waxaa indhiisa u bidhaamay cagaar ka wirqaya dhinacyada magaalada qaarkood, waxaa ayna naftiisu ugu yeertay in uu xaggeeda aado, socodkiisana uu xaggeeda ku ebyo asaga oo aan ku baraarugsanayn cagaarkaasi waxa uu yahay iyo meesha uu ku yaallo.

Wax yar ka dib waxa uu Mam oo daal iyo noogid ay hayaan uu taagnaa beertii amiir Sayn al-diin horteeda, oo uu maageerkeeda shishadiisa ka eegayo jawigeeda yaabka leh, uuna u hirsanayo degganaanteeda buuxda iyo sida ay dhinacyadeedu uga maran yihiin wax aan shimbiro ahayn. Waxa uu daalkaa uu la kulmay ka dib naftiisa ka helay hilowga uu u qabo in uu in yar ku nasto harka geed ka mid ah geedaheeda. Waxa uu u jihaystay xagga albaabkeeda gudaha ku beegan, waxa uuna ku siganayay in sida uu u noogsan yahay awgeed uu dhaco.

Daqiiqado yar gudahood ayaa waxaa meel fog Siin uga bidhaa-may-ayada oo halkeedii ahayd jirridda geedka aan weli ka dhaqaaqin, muuqa Mam oo ka soo socda laamaha dhexdooda. Kediskaasi nafteeda aad ayaa uu ugu cuslaaday, farxadduna qalbigeeda waa ay ka weynaatay. Haddiiba ay ku dhaygagtay si ay u hubsato in uu yahay khayaaligeedii ama ismoodsiiskeedii mid ka mid ah ama mucjiso uu Ilaahay u xaqiijiyay, waxaa ka carraabay dareenkii, waxaa jibaaxay yaabkii, waxaa ayna ku miyirdaboolantay cawska iyo geedaha dhexdooda.

Mam waxa uu ku dhaqaaqay in asaga oo layrsanaya uu ku socdo harka beertaas indhadaraandarka ah ee ka qarisay Siin asaga oo aan waxba ka la socon waxa hareerihiisa ka jira. Waxa ugu horreeyay ee intuu soconayay ay indhihiisu ku baraarugeen waxaa ay ahayd Bulbullada aan ka daalayn in ay isaga kala gooshaan laamaha ubaxyada ayaga oo si aan kala go' lahayn u heesaya. Cabbaar ayaa uu u fiirsaday asaga oo leh:

'shimbiryahow yarkaa, argagaxaan oo dhan maxaa kuu gu wacan? Ubixii aan caashaqay ayaaba ubaxyadaada ka qurux iyo if badan e. Calafkii la igu afgmabiyayna waa uu ka madow badan yahay calafkaaga, sidaa oo ay tahayna waa anigaan la shiilmaya jacayl ayada oo aan oohin iyo sawaxan toonna la iga maqlayn.

Shimbiryahow, gar bay ahaan lahayd in aad xanuunsatid oo aad jirratid haddii ay beeraha adduunyada oo dhan hal ubax keliya bixin lahaayeen sida xaalkaygu yahay oo kale. Laakiin se marba haddii aanay ka ba badnayn ubaxyadaan beer walba ama buur kasta korkeeda ka baxaya, hadde ku dhegganaantoodu ma khasbayso wax werwer ama hilow ah oo ilaa xadkaan gaarsiisan.

Laakiin se waxaad ii sheegtaa waxa ay tahay in uu sameeyo iyo waxa uu isku sabaalinayo shimbirka caashaqay hal ubax oo aan asaga oo kale dunida ka helayn, deetana ay u dhawaanshaheeda waayuhu ka qadiyeen oo inta ay beertiisii ka fogeeyeen ka tegay asaga oo keli ku ah qafiska cidlada iyo murugooyinka?'

Sidaa ayaa ay fikradihii Mam intii uu beerta dhex socday ay ugu janjeereen sheekooyinkaan uu la wadaagayo wax walba oo uu hareerihiisa ka arko ee leh shimbiro, ubaxyo, iyo laamo, jeer uu is arkay asaga oo kedis ah u hortaagan gabar bilqan cawska korkiisa. Intii uusan ku ba dhawaan in uu ku baraarugo oo uu ku dhaygago si uu u hubsado ayaa uu dhulku la wareegay, dareenkiisii uu xabbadxabbad u kala firxaday, waxaa ayna ku ridday badweynta miyirbeelka iyo halmaanka, oo waxa uu ku suuxay meel u dhaw halkii ay taallay Siin.

Si tartiibtartiib ah ayaa ay Siin u soo miiraabtay si ay u aragto Mamgii ay aragtay asaga oo wax yar ka hor beerta dhex socda oo dhinaceeda yaalla. Hareeraheeda oo dhan ayaa ay dhugatay. Kannaallada biyaha ee horteeda qulqulaya, ubaxyada dhinaceeda ku yaalla, Mam iyo qaabkiisa. Waxaad moodda in ay isweydiinayso in ay ku jirto riyo ka mid ah riyooyinka ama xaqiiqo dhab ah oo sax ah. Deetana waxaa ay soo ceshatay miyirkeedii oo dhan, waxaa ayna yaqiinsatay in ay tahay barwaaqo iyo naxariis qaddarta ka timid oo doontay in ay maanta ka farxiso. Markii ugu horraysay tan iyo maalintii xafladdii guga ayaa ay u dhawaatay gacaliyaheedii oo dhinaceeda bilqan. Waxaa ay bilowday in ay ku eegto indhaheeda quruxda badan oo uu u soo noqday shucaacoodii ka dib markii uu muddo ka maqnaa. Deetana waxaa ay si dhimrin leh madaxiisa kor ugu soo qaadday midigteeda, waxaa ayna lawgeeda ka dusisay madaxiisa hoostiisa oo waa ay ku tiirisay. Waxaa ay isku dayday in ay si debacsani iyo dhimrin leh ay hurdada uga kiciso, muddo ka dibna indhaha ayaa uu ka la qaaday.

Indhaha ayaa uu ka la furay, judhiina waxa uu arkay madaxiisa oo kor saaran lawga gacalisadiisa Siin. Waxa uu arkay wajigii adduunayada ugu qurxoonaa oo ku soo eegaya gafuur dhoollabiray-naya iyo il ilmaynaysa. Waxa uu arkay midigteedii oo ku fidsan xabadkiisa sida naxariista leh u ruxmaya. Madaxa ayaa uu kor u qaaday, indhaha ayaa uu la raacay ayada, naftiisa iyo hareerihiisa oo dhan asaga oo uusan carrabkiisu hal erayna isku dayin. Sidaa ayaa uu yaabku u aammusiyay. Ayadana waxaa carrabkeedii dabray xishoodka. Haddana waxa uu Mam ku dhaygagay wajiga Siin, asaga oo leh:

'maxaa jira? Miyaadan ahayn Siin? Miyaadan ahayn qalbigaygii aan labadayda dhinac ka waayay? Laakiin.. ma waxaad u malaynaysaa in aan ku jiro riyo yaabkeeda leh? Mise waxaa aynu joognaa noloshii aakhiro? Jannooyinkii waarayay.

Siin waxaa ay ku tiri ayada oo dhabnkiisa calaacasheeda ku haysa si uu miyirku ugu soo noqdo: 'maya e, gacaliye, waxaan ahay Siin, lafteedii. Waa ina kan aan beerta joogno. Miyaadan xusuusnayn beertii qasrigayaga'.

Baraaruggii Mam in uu isgaaro ayaa uu bilaabay ka dib markii uu maqalkiisa soo gaaray codkii Siin ee jilicsanaa ee macaanaa. Xaqiiqadii ayaa uu rumeeyay. Waxa uu ogaaday in ay tahay saacaddii uu in badan waayaha illintiisa uga arxan dalbaday in ay u xaqiijiso ilbiriqsi ka mid ah. Waxa uu ku noqday in uu si hor leh Siin u eego. Waxa uu gudagalay in uu indhaha la raaco. Labadeeda indhood ee xasilan ee ay sida quruxda badan ugu eegayso ayada oo dhoollacadd-aynaysa oo isdhiibtay sidii in ay leedahay 'labadaan indhood waa aawadaa..', gafuurkeeda ashqaraarka ah, kaduudyada wajigeeda ee la ifaya wax walba oo ruuxdeeda ku jira ee leh qurux iyo dhimrin, iyo tinteeda hareeraha wajigeeda uga soo sii daysan taakada dhabankeeda u janjeerta hoosteeda.

ርჳ

OOFIN

$\mathcal{Q}$orraxdii godkeedii ayaa ay gashay, habqanka dadkii beeraha ku maqnaana waxaa ay ku soo noqdeen guryahoodii, mar kalana waxaa ay noloshii u soo tukubtay magaalada ka dib aammus dheer, labadii gacaliye ee farxsanaana halkoodii ayaa ay fadhiyaan ayaga oo ku sakhraansan khamrada kulanka, waxaana maskaxdooda ka baxday macnihii waqtiga iyo xadkiisii oo midkoodna wax uun ka mid ah ma uusan dareemin.

Amiirkii iyo saaxiibbadii waxaa ay ka soo laabteen ugaarsigii, waxaa ayna afka soo saareen beertii si ay ugu sii daayaan wixii ay soo ugaarsadeen ee lahaa garanuug, caanaqub iyo wixii la mid ah. Beertii waxaa ay la ciirciirtay dad, waxaa ayna codadku dhinacyadooda ku kaakiciyeen sawaxan. Labadii gacaliyana waxaa ay weli miyir beel ka ga jiraan waxa hareerahooda ka socda oo dhan.

Amiirku asaga oo beerta dhinacyadeeda muddo la taagan saaxiibbadii ayaa uu dareemay daal badan oo kalagoysyadiisa xulaya, waxa uuna dareemay baahida uu u qabo in uu saaxiibaddii la nasto in yar, waxaa ayna dhammaantood oo ay ku jiraan Taajuddiin iyo Bakar ay u kaceen xaggii fadhiga. Fadhiga ay weli Mam iyo Siin mugdigiisa dhexdiisa isku weydaarsanayaan sheekada jacaylka ayaga oo wax walba warmoog ka ah. Sakhraddoodaa ka ma aanay miiraabin jeer malluugi soo cuslaysay, indhahoodana la ga saabay bannaankii albaabka fadhiga.

Markaa ayaa uu midiba hareerihiisa ku baraarugay, taladuna ay isu gu timid. Halkaa waxa keliya ee Siin u bannaanaa waxaa ay noqotay in ay hoos gasho shuluggii Mam oo ay gadaashiisa ku dhuumato, halka uu amiirkii fadhiga soo galay asaga oo ay kooxdii ka dambayso oo ay markaana ku yimaadaan malluug ku urursan dhinacyadiisa mid ka mid ah oo mugdigaa ka dhex yuuban! Amiirkii ayaa qayliyay asaga oo leh:

'yaa halkaa ka yuuban, mugdigaan dhexdiisa, asaga oo aan ruqsad ama idan haysan?

Mam waxa uu isu keensaday dhiirranaantiisii, waxa uuna yiri asaga oo aan meeshiisa ka dhaqaaqin:

'mowlaaya, amiirkaygiyoow, waxaan ahay Mam. Amiirka ka ma ay dahsoona in aan ayaamahaan la rafaadsanaa xanuun daran oo joodariga igu ururiyay, iina diiday in aan soo haleelo kolanyadii amiirka u raacday ugaarsiga. Laakiin se waxaa caawa igu timid cidlada kelinnimada, waxaana ka soo tegay gogoshaydii si aan cabbaar u socdo oo waxaan is arkay aniga oo beertaan hor taagan, waxaana u hunguriyooday in aan dhawr daqiiqo ku nasto'.

Amiirkii ayaa asaga oo geeska sare ee madasha u socda si uu u fariisto waxa uu ku yiri: 'waa hagaag, see tahay maanta? Maxaad if u shidan weyday?

Waxa uu yiri: 'haddii aan tabartaa isku hayo waxaan u istaagi lahaa waajibkii salaanta, waxaana boqorkayga uga kici lahaa fadhiga, laakiin se waxaan ka filayaa in uu ii cudurdaaro oo uu gabbood-falkayga iga cafiyo'.

Madashii waa la ifiyay dadkiina meelahoodii ayaa ay fariisteen. Taajuddiin waxa uu bilaabay in uu Mam ka soo milicsado halka uu fadhiyo, wajigiisa iyo qaabka uu u fadhiyo iyo lignaantiisana uu ka akhristo caddaymaha saska oo aanay cid kale ku baraarugin. Oo keligi ayaa ahaa kan og sirta qalbigiisa iyo xanuunnada naftiisa, waxaana ku dhashay werwer. Waxa uu u hanqaltaagayay in uu aqoonsado sirta dhabta ah ee ka dambaysa in Mam uu fadhiyo halkaan iyo waqtigaan! Waxa uu ka faa'idaystay fursad uu amiirku ku dalbaday koob biyo ah, indhihiisuna waxaa ay bilaabeen in ay weydiiyaan sheekadiisa iyo sirtiisa. Mam ma samayn karin wax aan ka ahayn in uu gacantiisa si deggan ugu taago gudaha shuluggiisa, uuna u soo bixiyo dacal ka mid ah tidicii timaha Siin oo uu tusiyo.

Taajuddiin asaga oo arrinta la anfariirsan ayaa uu madaxa kor u qaaday, waxa uuna gartay in saaxiibkii uu ku jiro musiibo dhaw oo aanay shaki ku jirin in ay nolosha seejin doonto. Waxa uu ku dhaqaaqay in uu isku dayo hanashada iyo cadaadinta neerfayaashiisa si uu isaga yeelyeelo degganaan joogto ah, halka uu caqligiisuna u baqoolay in uu kacaamo oo uu raadiyo wadiiqo uun oo uu saaxiibkii ka ga badbaadinayo musiibo la hubo.

Waxaa maskaxdiisa ku soo dhacday fikrad. Fikrad keliya oo uusan ayada mooyee mid kale helin. Waxa uu si reer magaalnimo ah u muujiyay baahida uu u qabo in uu ka soo laabto dhinacyada qasriga midkood. Sidaadii uu ula wareegsaday albaabkii hoolka bannaanikiisa ayaa uu dhudhumadiisa u dhiibay dabaysha asaga oo daartiisii ku sii socda. Asaga oo neeftuuraya ayaa uu gurigiisii galay, waxaana kaduudyada wajigiisa ka muuqday kacdoon sidii waallidii oo kale ah. Xaaskiisii ayaa argagax iyo anfariir daran ku soo dhawaysay ayada oo leh: maxaa jiraa...maxaa dhacay.. ma cadow baa soo socda? Cod hoose oo aanay cidina maqlayn ayaa uu ugu jaawabay asaga oo gudaha u sii degdegaya: 'dhaqso u badbaadi cunuggaaga iyo wixii aad haaban kartid, aniguna waxaan ku khasbanahay in aan qasrigaan gubo'. Warkii ayuu sii waday asaga oo degdegsan oo isku dhex yaacsan oo ku sii socda xaggii xaabada, lehna

'Mam iyo Siin waxaa haysta dhib weyn, waxaa ayna sugayaan musiibo la hubo in ay ku habsato. Waxaan la ga fursanayn in aan la baratamo musiibadaan si aan uga takhalluso intii aanay labadooda ka takhallusin'.

Deetana waxa uu ku dhaqaaqay in uu dadbkii si degdeg ah ugu shido agabkii qasrigaas yaabka lahaa iyo dhinacyadiisii, asaga oo leh 'dadku waxaa ay dabka ku damin jireen biyo, laakiin waa kan oo aan maanta dabkii ku daminayo dab'

Wax ilbiriqsi dhan ayaa ay carrabbadii holacu waxaa ay kor uga soo baxeen daaqadaha qasrigaa uu Taajuddiin u dhisay sidii ugu wacnayd ee ay riyooyinka jacaylkiisu sawiratay dhanka quruxda, baayakhlaynta, iyo ku farayaraysigaba. Dabkii waxa uu ku fidayay alwaaxdii kolkaatiga la xardhay iyo agabkii ashqaraarka ahaa ee uu u huray badbaadinta saaxiibkii awgeed iyo u oofintiisa. Taajuddiin asaga oo gurmad doon ah ayaa uu orday, warkiina waxa uu gaaray dhan walba. Durba waxaa amiirkii iyo saaxiibbadii oo meeshoodii fadhiya gaaray warkii, dhammaantoodna hal mar ayaa ay boodeen oo ayaga oo argagaxsanna ay u rooreen gurmadka iyo dabdamiska, halkii uu Mam ku yara raagay fadhigiisii jeer uu hoolkii si buuxda u faaruqgaraacay. Halkaa ayaa ay neef kulul ka soo boodday oo waxa uu u jeestay Siin asaga oo leh:

'bal ka warran sida uu Taajuddiin qasrigiisii ugu huray bad-baadinteenna awgeed'. Imminkana nabadeey, Siineey, waxaa khasab igu ah in aan duulka ka dabatago si aan dabka wax uga damiyo, adigana waxaa kuu eg in aad imminka ku laabatid qasrigii'.

⌘

BARJOOGSI KOOBAN

*W*araabiyoow igu filan, igu filan, oo caqligaygu weli waa uu sakhraansan yahay, maalintii cimrigaygana waxaa soo gaaray gabbaldhacii, waxaana ka baqayaa in ay igu soo habsato awooddii geeridu sida uu amiirkuba ugu soo habsaday Mam, oo deetana aanan hareerahayga ka helin saaxiib oofin leh sida Taajuddiin, oo i badbaadiya, i caymiyana.

Waraabiyoow, Ilaahay baan ku dhaartaye waan ka yaqyaqsoonayaa koobabka ismoodsiisyadaan beenta ah e, dibnahayga ka fogee. Fogee. Waxaa dhib iigu filan ag jooggayga wiriqa dhaandabagaallahaan. Iga fogee, hooge, ka hor inta aanay holaca qorraxdu igu tuurin dhalaalkiisa beenta ah hortiisa, oo aysan halkaasna igu halaagin oonka iyo xanuunku.

Laakiin, laakiinse iiga sheekee. Miyaanay wax u dhexayn quraarddaadaan waxa ku jira iyo khamradaas kale? Khamradaa kor iigu qaadaysa bankii sharfanaa, igu sakhraaminaysa quruxda waaraysa ashqaraarkeeda, igana soo siibaysa ismoodsiiyadaan dhammaanaya iyo dhalaalkeeda dhagarta ah dhexdooda.

Aaaa'! maxaa iiga baahi badan koob la ga miiray miraha ruuxda saafida ka ah baraxa adduunyada. Maxaa iiga baahi badan koob igu sakhraamiya sida uu uu Taajuddiin ugu sakhraamay daacadnimadii-sa iyo shaamshaamnimada oofintiisa, si an uga sare maro madaxyada walxahaan, oo ruuxda igu weyn aawadeed iyo oofinta aan ugu dayamaysanahay darteed aan wiriqooda kabaha la dulmaro.

Muxuu I tarayaa qasrigaan isoo dumay iyo wiriqa sariirta aan isku kala bixinayo, haddiiba ruuxdii uu qalbigaygu gacanqaadayay ay ku ku dhawaatay damitaanka oo deetana aanan wax ka siin ifka qasriga iyo quruxda sariirta? Muxuu holaca hareerahayga ka baxaya I tarayaa haddiiba uu ka fog yahay qalbigayga oo uu uga tagayo qabowga nabaddiisa iyo rasaasta gacaltooyadiisa?

Walaxdaan dhammaanaysa, maxaa qalbigayga ka ga qaalisan, naftana farxad uga beeri og marka ay tahay tu la gu furdaamiyo macaanida dahiran ee waaraya, maxaa se gacanta uga ga liita, dhulkana uga ga qiime yar marka ay iskibiriso ee ay iska la sarrayso rugta siijiritaanka iyo waaritaanka.

☙

ROGAALCELINTII FIDNADA

*A*woodda jacaylku weligeedba ma aanay yuururteen carshiga qalbiga korkiisa ayada oo ka shishaysa daahayda raaracsan iyo xijaabbada lagu gambiyay. Xilliga uu indhaha iyo dhegaha ka qarsoon yahay intii ay doonto ha dheeraatee, waxaan la hurayn in uu dillaaciyo daahyada ku meegaaran oo dhan, la ga ma na baxsan karo in uu dadka soo hor istaago asaga oo adeegsanaya awooddiisa daran iyo xukunkiisa dirqinta badan. Waxaan la ga fakan karin in uu ugu dambayn naftiisa ku dhawaaqo, awooddiisa uu sheegto haddii ay dadku raali ku noqdaan iyo haddii ay ka caroodaanba.

Mam iyo Siin waxaa ay awoodeen in ay muddo dadka ka qariyaan sirta jacaylkooda iyo in ay ka indhasaabaan awoodda suldaanka qalbiga ee sida arxan darrada ah u xukumaya, laakiin se tabartaani in badan ma aanay sii jirin. Durba waxaa labadooda qalbi ka dillaacay qubkoodii, illintoodii waxa ay ku faaftay indhaha dadka dhexdooda, carrabbadu waxaa ay qaadeen sheekada jacaylkooda. Waxaa ay warkoodii ka dhigteen laxan meel walba ku fida, kuna dhaca dhegaha madaxda iyo addoommada, faallooyinkii la suuradaysanayayna waxaa ay labadaa miskiin ee aan dambiga lahayn ee aan jacaylka ka dhadhamin wax aan dhibtiisa iyo xinjirihiisa ahayn ay hareerahooda ka falkiyeen warar been ah, warkiina waxa uu soo gaaray Bakar.

Warkii waxa uu u soo dusay maqalka liitaagaan, waxa uuna ku

dhaqaaqay in uu isku xirxiro oo uu duntiisa isu keeno, uuna daba socdo caddaymnaha aan la ga maarmayn. Maalin uun ayaa uu ka faa'idaystay fursad, waxa uuna amiirka oo maqlaya hortiisa asaga ku dhawaaqay faafinta wax Alle iyo wixii uu toos u soo maqlay iyo wixii uu isku soo xirxirttay.

Waxaa kaakacday waallidii amiirka-waallida madaxdu marka ay kacdo se xumaa, waxaana dhiiggiisu uu jirka oo dhan ku shiday holac, labadiisii indhood ee ifayayna waxaa ka duushay dambaaburooyin gubi gaaray hareerihiisa. Waa uu kacay asaga oo wareegacaddaysanaya meeshaa aanay joogin cid aan asaga iyo bakhtigaas ahayn, waxaana maskaxdiisa karkaraysay isku gedgeddinayay fikrado baas oo ka la duwan. Waxaa ay caradu mar ku riixaysay in uu markaba baxo oo uu aado meesha uu Mam oo keligii ah ka soo helayo uuna madaxa ka jaro, oo uu soo laabto ayada oo aanay cidina ogaan. Mar waxaa ay waallidiisu ku riixaysay in uu ku dhawaaqo dagaal kulul oo ku wajahan Mam iyo saaxiibkii Taajuddiin iyo taageerayaashooda.

Laakiin se ugu dambayn waa uu soo noqday, waxa uuna xusuustay in qofka warkaan u sheegaya uu yahay waardiye liita oo fidnawale ah. Ma uu istaahilo in uu caradiisa kaakiciyo jeer uu u kaadsado oo uu hubsado. Waa uu eegay asaga oo ay labadiisa indhood ay kacdoonkaas iyo caradaa oo dhan ay keligii ku la qarxeen, asaga oo leh:

'doqonyahow liita, waxaa ay u eg tahay in aad in badan u bogsan tahay dhiig la daadiyo! Laakiin se ogow dhiiggu ku daadan mayo wax aan gawracaaga ahayn haddii aadan hortayda keenin daliil si cad u muujinaya warkaaga;.

Astaamihii wajiga Bakar xoogaa ayaa ay engageen, caqligiisiina waxa uu la janjeersaday nadxinta hanjabaaddaas, deetana waa uu soo noqday si uu miyirkiisa u ceshado asaga oo leh:

'boqorkaygu waxa uu awoodaa in waxa aan leeyahay uu hubsado haddii uu Mam ugu yeero in uu ku la loollamo jeeska uu ku faano in uu cayaarteeda xariif ku yahay. Shardiguna ha noqdo in kii la ga adkaado uu kan ka adkaaday u xaqiijiyo wixii uu soojeediyo ee uu jecel yahay. Waxa uu ku khasbanaanayaa in marka uu boqorkaygu dalbado uu kashifo naftiisa iyo caashaqa uu u qabo amiiradda Siin haddii uu adkaado iyo haddii la ga adkaadaba'.

Amiirkii waa uu ka helay taladaas, durbana inta uu sii jeestay ayaa uu u yeeray adeegayaashiisii, waxa uuna amray in hoolka weyn la diyaariyo-hoolka la gu qaban jiray kulannada cayaaraha iyo dheesha, loona qababaaliyo caways habeenkaas cammiran, halka uu addoomadiisa kale qaarkoodna uu u diray in ay Mam soo kaxeeyaan, ayna gaarsiiyaan in amiirku ugu yeerayo in uu cawaysin u yimaado qasriga.

Amiirkii waa uu sugay, ayada oo uu qalbigiisu yahay sidii dhimbilo holcaya, dhiiggiisuna uu madaxiisa karkarinayo. Waxa uu harraad ba'an u qabaa in uu ogaado. In uu ogaado xaqiiqada duufaanta uu Bakar u soo qaaday, si uu markaa ka dibna caradiisa uga bogto, oo uu arrinka uga falceliyo sidii uu doono.

Habeenkii ayaa la gaaray, fadhigii amiirkana sidii uu rabay ayaa loo diyaariyay. Miiskii jeesta ee dahabka la gu xardhayna bartamaha goobta ayaa la dhigay, waxaana dushiisa la gu safay dhagxaanteedii ka samaysnaa foolmaroodiga dhifta aha. Goobtu waxaa ay la ciirciiraysay xulkii golaha amiirka iyo ciidankiisa marka la ga reebo Taajuddiin iyo walalihi, oo amiirku uu u kasay in uusan u cid dirin. Dhinacayada kale oo dhanna waxaa ka buuxay ilaaladii iyo adeegayaashii oo taagan, safan, ku na lebbisan dharkooda ugu fiican, oo ku jeeniqaaran hubkoodii oo dhan.

Amiirkii ayaa soo galay, golihii oo dhanna waa ay kaceen, halka uu asaguna beegsaday fadhigiisii yaallay goobta shirguddoonka. Amiirkii waa uu fariistay, goobjoogayaashiina waa ay aammuseen. Indhaha ayaa uu si deggan oo cabsi leh u la raacay jeer uu arkay Mam. Madaxa ayaa uu u soo taagay asaga oo ku dangiiga dhinac ka mid ah fadhigiisa, waxa uuna ku yiri:

'Mam, waxaan maqalnay in aad ku andacootid in aad xariif ku tahay cayaarta jeeska e, ma ay kaa suurowdaa in aad caawa xirfaddaadaas noo soo bandhigtid, oo aan foodda isdarno oo aan ku loollanno'.

Si deggan ayaa uu Mam ugu jawaabay asaga oo la anfariirsan ad-adayg uu ka dareemay codkiisa:

'weligayba boqorkayga hortiisa ka ma sheegteen xirfaddaan, laakiin boqorkaygu waxa uu igu leeyahay maqal iyo hoggaansan haddii uu i amro wixii uu doono'.

Amiirkii waxa uu u soo kacay halkii miiska jeeka la dhigay asaga oo u baaqaya oo ku leh: 'mayee, istaag, waxaa caawa ina dhexmaraya dagaal ay tahay in aad ku dhiirratid'.

Mam waxa uu ka kacay fadhigii asaga oo yara cabsoonaya, waxa uuna hor fariistay amiirkii ayaga oo uu miisku u dhexeeyo. Intii uusan cayaarta bilaabin ayaa uu amiirku ku yiri:

'shardiga inoo dhexeeya waa in ciddii saddex jeer la ga guulaysto ay waajib ku tahay in uu guulaystaha u sameeyo wixii uu soo jeediyo oo uu jeclaysto'.

Waxaa fadhiga joogay wiil yar oo uu amiirku dhalay, gacaltooyo daacad ahna u hayay Mam oo la oran jiray Kurkuun, ka ma na aanay daahnayn jacaylka u dhexeeya asaga iyo eeddadii Siin. Waxaa ay ur uga baxday waxa aabbihii ka guuxaya ee sida uu ugu caraysan yahay ay muujinayso, waxa uuna ka baqay in kulankaasi ku dhammaado ciqaab ama belaayo ku dhacda Mam. Qasrigii ayuu tartiib uga dusay, waxa uuna aaday Taajuddiin oo uu doonayo in uu arrinta uga warramo oo uu u yimaado si uu arrinta uu qaboojiyo haddii ay wax dhacaan, maaddaama uu amiirka qaraabo la yahay.

Daqiiqado yar gudahoodna waxaa ay Taajuddiin, Jooko iyo Caarif ba soo xaadireen kulankii ayaga oo sugaya waxa dhici doona. Mam waxa uu amiirkii ka adkaaday laba jeer oo isxigta, waxaa ayna bilaabeen markii saddexaad ayada oo uu amiirku la yaabban yahay maskax badnidiisa iyo xirfaddiisa, Mam oo cayaarta keliya ku mashquulsanna waxaa wajigiisa ka muuqday if cad oo himilo iyo farxad ah.

Waxa uu Bakar ka soo eegayay meel fog asaga oo werwer awgii isku dhexyaacsan oo baarbaaraya xeelad uu Mam ku seejiyo in uu markaan Amiirka ka adkaado. Cabbaarradaas ayaa waxaa Bakar u bidhaantay Siin oo hablihii qasriga la taagan daaqad ku kor taalla xagga sare ee qasriga ee ku beegan dhabarka Mam ayada oo cayaarta si aad ah ula socota. Amiirkii ayaa uu ku jeestay oo waxa uu ku yiri:

'laakiin se waxaa boqorkayga u ekayd in ruuxa la cayaaraya uu booska ka beddasho xilli ka xilli sida cayaaraha dhaqankoodu yahay'.

Labadii cayaartooyba waa ay kaceen oo boosaskii ayaa ay ka la beddesheen ayaga oo aan dareensanayn xeeladda uu uga dan leeyahay. Markii ay ilbiriqsi yar ka soo wareegtayba waxaa ay ishii Mam u duushay xaggii sare ee darbiga hoolka ee ku beegan oo uu ku arkay Siin oo hortiisa taagan oo daawanaysa. Amminkaa ayaa ay maskaxdiisii ka la yaacday, si walba oo uu isugu dayo in uu fikirkiisa soo uruuriyo oo uu amiirka uga adkaadana macne yeelan weyday oo waxaa ay inidhiisuba ka libiqsan waayeen xagga sare, gacantiisuna waxaa ay si aan qummanayn ugu cayaaraysay askartii iyo fardafuulladii. Mar waxa uu ciidanka ku furanayay fardaha, mar kalana waxa uu isku walaaqyay maroodiga iyo wasiirka, waxaa ayna natiijadii noqotay in uu amiirku ka adkaaday shan jeer oo isxigta, sidaana cayaartii la gu soo afmeero. Amiirkii waxa uu ku noqday meeshiisii asaga oo ay Mamna hareeyeen yaxyax iyo xishood, deetana inta uu eegay ayaa uu ku yiri: 'Mam, oo shardigii ma illowday?'

Mam oo ay dareennadiisii u kala qaybsameen carada uu ka qaaday sida uusan dhagarta loo dhigay ugu baaruugin iyo yaxyaxiisa ku aaddan sida uu u jabay ayaa yiri: 'maya, boqorkaygu wixii uu doono ha i weydiisto'.

Amiirkii ayaa ku yiri: 'adigu warmoog ka ma tihid in aannaan kaa doonayn xoolo aad na gu hodmisid iyo sharaf aad kor noogu qaaddid, waxa keliya ee aan kaa doonayno waa in aan sirta ogaaanno. Qalbigaaga noo ga sheekee. Waxaad noo sheegtaa cidda aad jeceshahay, dhallinyarannimadaaduna ay ka heshay, si aannu u eegno. Haddii ay kuu qalanto, waxaan isku dayi doonnaa in aannu kaaga farxinno'.

In yar ayaa uu Mam foorarsaday, waxaad na mooddaa in ay naftiisu ku jahawareersan tahay fasirka erayadaan loo soo jeediyay, markaana Bakar ayaa ka faa'idaystay fursadda foorarsigaan oo yiri:

'boqorkaygiyo, waxaa ay u eg tahay in Mam uu ka qajilay amiirka in uu u sheego cidda uu jecel yahay. Mar baan se arkay, waxaana ogaaday in ay tahay addoon ceebaysan oo aan mudnayn in uu ka ga sheekeeyo golaha amiirka'.

Erayadaasi waxaa ay ka caraysiin Mam, waxaana holacday ficiladiisii iyo qabkiisii, waxa uu na naftiisa u soo nooleeyay halbowlihii milgaha iyo sharafta, waxaa ayna tooraayda la gu muday sakhraamisay caqligiisa, oo waxa uu illaaway amiirka hortiisa taagan iyo dadka ku hareeraysan oo dhan. Asaga oo shaamshaam ah ayaa uu Bakar ku yiri: Ilaahay baan ku dhaartaye, beenlow ayaad tahay wasakhyahow liita, tilmaantaa aad sheegtayna waa uun caddaynta liidashadaada iyo ayniga gunnimadaada. Tan qalbigayga ku jirta se, waa mid ay sharafteedu sarrayso, dayaxaa afar iyo tobnaadka ahna uusan la baratami karin. Quruxdeedu waa ashqaraar, qorraxduna in ay la walaalowdo xataa ma ay karto. Dhalasho ahaan waa nasab, degaannada dadka ku dhaqanna faan ku ma gaaraan. Waa dheddiggii ugu dhammaa ee ay awoodda Abuuruhu ku xeeldheeraatay. Ayadu; hadde ayadu, waa amiiradda jasiiraddaan'.

Intii aanay afkiisa ka soo wada dhammaan erayadaan u dambeeyay ayaa uu amiirkii hadalka ka boobay oo uu inta carada dhuunteedii ku soojeediyay uu yiri:

'oo sidaa darteedna, ka ma yaxyaxaysid in aad meeshaan jacaylkeeda isku la soo liqdaarto, adiga oo liidashadaada ku wasakhaynaya qasrigayga!'.

Deetana waxa uu ku jeestay ilaaladiisa oo albaabbada ag taagan, waxa uuna ku qayliyay: 'oo maxaad la taagan tihiin oo aad intaan ka dib sugaysaan? Kaca oo unuunka ka gooya axadkaan uu carrabkiisu isku kaaya liqdaaray, waxaana la joogaa waqtigii ay qayrki ku waano qaadan lahaayeen'.

Intii aanay ilaaladii ku dul degin Mam ayaa waxaa bartamaha fadhiga ka kacay saddex geesi oo walaalo ah, mid walbana uu yahay madax, dhudhun iyo joog! Waxa uu midiba midigta ku haystaa toorray holcaysa. Taajuddiin oo dhexdooda ku jirayna waxa uu bilaabay in uu dhulka dhigo askartaii ku soo degdegaysay Mam asaga oo leh: 'cawaan yahay, bartiinna ha ka dhaqaaqina. Ma sakhraansanidin, waallina idin ma hayso jeer aad moogganaataan awooddayada. Mise waxaad illowdeen wixii faraha badnaa ee aannu idin ku dhignay? La ga yaabee in aad Mam gaartaan, laakiin waa markii ay hareerihiinnu bad dhiig ah noqdaan, buundada aad uga tallaabaysaanna ay boqollaal idin ka mid ah noqoto'.

Deetana waxa uu ujeestay xaggii amiirka asaga oo il qooraadda ku eegaya oo leh: 'boqorkeenna soo maaha, asagu waxa uu xaq u leeyahay in sidii uu doono uu yeelo, oo waxa uu na gu leeyahay dabarro barwaaqadiisa iyo saldanaddiisa ah, aysan munaasabna u muuqan karin in aannu inkirno'.

In yar ka dib amiirkii ayaa kacay oo Mamna gacmaha ka xiray, deetana xabsiga u diray! Taajuddiin iyo walaalihi waa ay aammuseen ayaga oo suntii kharaarayd ee ay kabbadeen ay qalbigooda u dhaadhacday. Laakiin se marba haddii uu amiirku dilkii uga soo degay xabsiga, waxaa xikmad la yeelan weyday in ay canaadkooda ku sii adkaystaan, waxaa ayna u la muuqatay in iskudayga cafis raadinta ay u dibdhigtaan xilli uu amiirku kacdoon yar yahay, oo uu caro dabacsan yahay. Deetana kulankii waa la gu ka la dareeray, dadkii oo fajacsan oo murugaysan, halka uu Mamna jidka u sii hayay xabsiga salkiisa!

☙

SAAFIYOOBIDDA RUUXDA

$\mathcal{X}$ukunka meeruhu waa soo jireen horreeyay, waayaha joogtoobiddooduna waa qalle aan dibugurasho lahayn, amarka Ilaahayna waa qaddar aan fuliddiisa la hurayn. Haddaba, maxay tarayaan taaha iyo dhirifku, dheef nooce ah ayaa la ga helayaa xanuunka iyo daqnashada, natiijo sidee ah ayaana ay keenayaan awoodda iyo ficiladu marba haddii sadarrada qaddartu ay xukumeen hoog, xabsi iyo qatanaan? Laakiin se xabsiga uu Mam ku dambeeyay la nooc maahayn xabsiyada kale oo dhan. Waxa uu ahaa god ilaa gunta hoose ee dhulka gaarsiisan, kor ciriiri ka ah, hoosna ka ballaaran oo ayna adag tahay in ay gudihiisa soo gaaraan wax uun ifka dunida ama ileyska qorraxda ah, marka la ga reebo fantaxda yar ee kore oo keligeed isku ah albaab, daaqad, foomalleer, iyo wax walba.

Waxaa Mam loo dhaadhiciyay salka hoose ee qooladdii soo dhawaysay ayada oo mugdi ah, cidlo ciirsi la'na ahayd. Waxaa indhiihsa isku gadaamay mugdiga ku habsaday, waxa aan ka ahayn malluug aad u madow oo hareeraha ka jirta mooyaane wax kale waa uu arki waayay. Cabbaar ayaa uu liqdaarnaa meeshiisa oo uu ku dhex jiray mugdigaa gudcurka ah, si tartiib ah ayaa uu u dhaqaaqay asaga oo ay gacantiisu hawada haahaabayso jeer ay qooladdii taabatay, halkaana uu istaagay oo uu ku tiirsaday asaga oo la dhacdhacaya hirar xusuuso ah oo ka soo burqanaya naftiisa caddiban. Waxa uu xusuustay dhallinyarannimadi-

isii darayga ahayd, awooddiisii firfricoonayd, ninlaboodnimadiisii iyo
kartidiisii, oo asaga iyo Taajuddiin waxaa ay ahaayeen dadka kuwa
ugu farxadda badan, qalbigoodana aanay weli taabannin wax uun
xanuunnadaan ka mid ah. Deetana waxa uu xusuustay xilligii ay
guuldarradaani qalbigiisa ku dhalatay, maalintii farxadda iyo
baashaalka ee ay wada qaateen, iyo sakhraddii habeenkaas labadoodaba
miyirbeelisay.

Waxa uu xusuustay xanuunnaadii iyo himilooyinkii naftiisa ku
barbaaray, ee inta ku biqlisay qalbigiisa ku miradhalaysay maalmihii
farxadda Taajuddiin iyo habeennadii arooskiisa iyo sidii uu naftiisa
ugu maaweelin jiray in arooskiisu yeelan doono qurux iyo farxad taa la
mid ah. Waxa uu markaa ka dib xusuusatay hanjabkiisii iyo dildillaacii
qalbigiisa. Qalbigiisa aanay cidina u arxamin, qofnana uusan u turin.
Waxa uu daawanayay habeennadii uu jiinka Dajla ku nooleeyay
hinraaggiisa. Halkii aanay joogin cid ujeedda iyo cid dareemaysa
toonna. Illintii indhihiisa qarxisay ee uu ku waraabiyay taagsimaha iyo
buuraha. Halkii aanay joogin il kale oo illin ku sabaalisa. Haddana
waxa uu xusuustaa saacadihii qurxoonaa ee ahayd dhammaan
saacadihii farxadeed ee uu dunida ku lahaa ee ay ka maragkaceen
neecawdii beertaas iyo ubaxyadeedu. Deetana waxa uu sawirtaa sida
uu habeenku qalbigiisa ugu soo rogaalceliyay ee uu mugdiga u geliyay.
Waxa uu ku dhaqaaqay in uu ku silco midabbada guuldarrada ee ay
waayuhu u qoreen. Waa dulmigaan ay dadku u dooreen asaga oo aan
dhib gaysan, faxsharna aan ku kicin. Been abuuradkii iyo kaalmaysi-
goodii illintiisa iyo xanuunnadiisa. Siriqdii dhagarta iyo fidnada ee la
dhigay jidkii farxaddiisa. Iyo ugu dambayn sida uu amiirku uga
carooday. Amiirka marka la ga tago hoojintiisa iyo qadintiisa aan xataa
u dayn xorriyaddii uu dhulka isaga wareegacaddayn jiray si uu isugu
qaboojiyo wax uun muuqaallada dabeecada ka mid ah ee ahayd waxa
keliya ee uu dadka la wadaago aragtidooda iyo ku raaxaysigooda.

Judhii ay fikradahaasi soo hormareenba waxaa u dabcay qalbigiisii,
naftiisana arxan baa u galay, oo waxa uu bilaabay in uu ciiddii carradaas
ku qooyo illin xanuun badan oo uu u ooyayo cimrigii ka lumay,
himiladii ka khasaartay, iyo qalbigiisii dhiigga da'yay ee ay gummaduhu

ridqeen. Deetana waxa uu ujeestay dhinacayda qooladda iyo darbiyadeeda madow ee indhihiisa u bidhaamaya, waxaana hoostiisa uga muuqday dhulkeedii dibirka qallalan ahaa ee aanay ool wax uu dhinaca iska xijiyo marka la ga reebo barkin yar oo casuus ah oo dhinac taalla, gogol dhammaatayna dusha ka saaran.

Waxa uu araggiisii ay illintu dabooshay la raacay dhinacyada sidii in uu baarayo wax uun uu ka suuraysanayo naxariis iyo turriimo, si uu ugu dhago oo uu ugu sheegto dhibaatadiisa. Laakiin se qooladdu waxaa ay ahayd hal gobol oo dhego la', cod aan maqlayn, oohinna aan fahmayn. Neeftiisii ayaa markaa go'day oo waxaa ay taasi ahayd miiqii ugu dambeeyay ee weheshigiisa dunida iyo waxa ku dhaqan, wax aan cirka ahaynna hortiisa waa uu ka waayay. Cirka oo qur ah ayaa ah meesha ay u noqdaan kuwa kurbaysan, ahna halka ay u ciirsadaan kuwa caddiban ee la dulmiyay. Madaxa ayaa uu kor u qaaday, waxa uuna indhihiisa kor ugu eegay daymo ku dhalisay dhammaan himilooyinkiisii iyo hinraagyadiisa ku urursanaa dhinacyadiisa asaga oo leh:

'Eebboow, miyaadan ii jeedin? Miyaadan ii jeedin, aniga oo ah addoonkaaga tabarta daran? Sidee ayaan ugu dhex dhalaalayaa xanuunnadaan oo dhan ee aanan xammili karin?

Eebboow, addoomadaadii arlada ku dhaqnaa uma aanay dabcin xaaladdayda, guuldarradayda iyo guribaaskayga. Sida aad arkaysidba dhaawacyadaydii kabaha ayaa ku la joogjoogsadeen, waxaa ay xataa iga qadiyeen sahaydaydii aan ku gaari lahaa jidka basbeelka. Ii naxariiso Rabbiyoow, xaqaaga ayaan ku dhaartaye, cid aan adiga ahayn maanta ka dib baryi mayo, illintayda hortaada mooyee meel kale ku qubi mayo, wax aan weynidaada ahaynna isu ma dullayn doono'.

Intii uusan eegmooyinkaan iyo erayadaan uu yiri uusan indhaha isu gu qabsan ayaa waxaa xusha ruux cusub oo ka soo bilaabatay feerihiisa hoosteeda sida uu gabbal iftiin holaca ah uu u jibaaxo martamaha mugdiyada, waxaana qalbigiisa xantaxantaysay taabasho siisay qabow raaxo iyo deggaanan ah, cidladii hareeraha ka taagnayd waa ay baabba'day oo waxaa beddelay ruux qalad oo wehel u ah. Judhii uu waxaan oo dhan ka dareemay naftiisa iyo hareerihiisa ayaa uu mar kale madaxa soo qaaday, wuuna istaagay asaga oo darbiga xabsiga isku tiirinaya, lana hadlaya Ilaahay-xumi ka hufnaaye: 'Ilaahayoow, waxaan ku hanuunay dhimrintaada markii aan dunida ka waayay agabkeedii iyo himiladeedii, xaqa naftaada baan ku dhaartaye, maanta ka dib ka bayri mayo albaabkaaga xitaa haddii ay adduunyada iyo waxa ku dhaqanba ay ii soo laabtaan. Daalimiintu ha igu gardarroodaan, daraadday dhagarqabayaashu shirqool ha u dhigaan, qalbigayga wixii ay doonaan oo dabkooda ah ku shidaan, ha na igu xabbisaan mugdiyada iyo godadka bahallada. Xaqa rabbinnimadaada aanan u sujuudiddeeda ka baaqsan baan ku dhaartaye, waxaas oo dhammi waxba i yeeli mayaan, qalbigayguna goyn maayo miiqyadiisa himilada xitaa kooda ugu tabar daran.

Naftayda maxaa sabirka uga ga macaan in allaale iyo inta aan ku raaxaysanayo hanuunkaaga ruuxdayda ka ifaya, maxaa se ka fudud mugdigaan in allaale iyo inta aan feerahayga dhexdooda ka helayo nuurkaaga ii wehelyeelaya, qalbigaygana maxaa uga qabow badan caddibitaanka in allaale iyo inta ay igu gedaaman yihiin naxariistaada qarsoon iyo dhimrintaadu.

Ma quusashada!... Ma waxaa adduunyada u bannaan in ay naftayda quusta jid uga furto? Waxaan ku dhaaranayaa qadaadkii aad ekoonaantiisa igu qafaashay, waxaan ku dhaaranayaa ishii aad weeraheeda igu sakhraamisay, waxaan ku dhaaranayaa nuurkii aad igu shidday asaga oo dab ah, waxaan ku dhaaranayaa quruxdii aanan ka dhadhamin wax aan xinjiro iyo xanuun ahayn, waxaan ku dhaaranayaa waxaas oo dhan e, cadaabkaami si walba oo uu degganaanta iyo xasilka iiga qaado, haddana ima uu seejin doono himilada aan xiriirka ka qabo xitaa haddii ay na gu ka la gudbaan teedka geerida! Maxaa ka qurux badan in uu ku liibaano ujeedkiisa asaga oo ku hoos jira harka jannadaada iyo garabka dhimrintaada.

Maxay ayaa aysan isu gu liibaani doonin ayaga oo ah sida aad og tahayba-xaqaaga ayaan Boqorkaygow ku dhaartaye, labo ruux oo nadiif ah oo dhawrsoon oo aan adduunyada ka sahayan wax aan ka ahay kulkeeda iyo hooggeeda, ayaga oo ku sii socda bankii Boqorka, Khabiirka, Ladiifka, naxariista waasaca ah leh, caddaaladiisuna ay cid walba kulminayso.

Alla maxaan hilow u qabaa boqorkaygiyoow maalintaas, marka aannu bankaaga soo aadno ee aad midigta turriimadaada labadayada noo ga masaxdid illintii daalimiinta, aad na gelisid dhudhummada naxariistaada dhexdooda, annaga oo bedqabna oo na la aqbalay'.

Sidaa ayaa ay qalbigii Mam oo guntaa hoose ee cidlada ah ku jiray ay ugu soo hoobanayeen wehel Ilaahay oo ku soo degayay, xanuunnadiisa iyo murugadiisana ka dabcinayay ka dib markii ay go'day xiriirkii uu uumiyaha la lahaa, quustuna ay kelitalis ku noqotay. In le'eg intii uu ka janjeersaday ee uu ka quustay adduunyada ayaa ay bilaabatay in ay weynaato xiriirka uu Ilaahay la leeyahay, himilooyinki-isuna aya asaga oo qur ah ku xirmaan. Waxa uu godkiisaa ka dhigtay teendho uusan ka la joojin la koodidda Ilaahay, har iyo habeenna waa uu ku cibaadaysan jiray. Waxaa u soo geli jiray waardiyaha si uu cunto ugu keeno, ugu ma na uusan imaan jirin in uu tagan yahay oo uu salaad ku jiro ama uu sujuudsan yahay oo uu Alle baryayo mooyaane.

Waxa uu jirkiisii bilaabay in uu u hoobto xagga dabaca iyo furfurashada, halka ay ruuxdiisuna u dhaqaaqday xagga sookoobashada iyo awoodda. Waxaa uu kororsaday moogganaanta adduunyada iyo agabkeeda iyo ku xirnaanta samada iyo macnayaasheeda, jeer ay qalfooftii jirku noqotay cayaar gacanta ugu jirta ruuxda oo ka yeelaysa sidii ay doonto. Waxa ay walxuhu bilaabeen in awooddoodu ay shiiqanto oo hinraaggii jirku ma uu sii laha macnihiisii uu ku gubanayay, cadaabtii ka la tagguna beerka ku ma ay laha raadkeedii dhalaalinayay.

Ruuxdii waxa ay bilowday in ay si hilow iyo hanqaltaag leh ay ugu toog hayso hal shay. Ma ahayn ka bixidda qooladda xabsiga adduunyada, laakiin se waxaa ay ahayd ka bixidda qafiska jirka oo ay markaana aaddo bankii loo diyaariyay.

ဆ

QUUS

*I*ntii uusan Mam gaarin dhammaadkaan ka hor, Siin ma aanay ahayn tu farxadda ka quusatay si walba oo ay xanuunno u la rafaadsanayd, oo waxaa ay rejo badan ka qabtay in ay ayaduna himilooyinka qalbigeeda hesho ayada oo Mammu garab taagan, sida ay walaasheed Sitiba u heshay ayada oo Taajuddiin wehelisa. Laakiin se judhii ay sidaa u ogaatay ciqaabtaan daran ee uu Amiirku ku soo rogay Mam-ciqaabta looga furtay dilka, ayaa waxaa qalbigeedii ka dabargo'ay wax walba oo ay ku xoojinayeen xididdada rejadu. Waxa uu qalbigeedii bilaabay in uu dhiig holac ah da'o, waxaana ceejisay illinta, oo waxaa indhaheeda ciriiri la noqday adduunyadii. Waxaad moodaysaa in qasrigaa iyo barwaaqadiisii la gu afgembiyay oo ay kallarka ku dhageen, dareen dambana u ma aanay sii lahaan hareeraheeda waxa ka socda; xitaa hawadii sambabadeeda buuxinaysay. Waxaa dareennadeedii isu gu yimd xanuunno dhawr ah oo tan ugu yar ay nafteeda dhalaalinayso.

Waxaa ay mar la bukoonaysay halka uu ku dambeeyay Mam, waxaa ayna la ooyaysay cidlada iyo kelinnimada ceelkaa ku haysata. Mar kale waxaa ay la xanuunsanaysay in la ga yaabo in uu ismoodsiinayo asaga oo caddibkaa ku jira in ay ayaduna farxad ku haysato bannaanka qasrigaan oo ay la meeraysanayso xorriyad iyo lugo furnaan. Deetana, waxaa ay u bukoon jirtay nafteeda awgeed, himilooyinkeeda uu gabbalku u dhacay dartood, iyo in aysan nolosha inta uga hartay arki doonin hillaac yar oo rejo iyo himilo ah. Haddana waa ay soo noqon jirtay oo waxaa ay ku galgalan jirtay dhimbilo ka dhashay hinraagga hilowgeeda iyo walbahaarka jacaylkeeda. In badan ayaa waxaa xanuunnadeedaan ku milmi jiray macnayaasha wareerka iyo irkigga leh ee ku hoos duugan belo iyo baaska nasiibkeeda helay. Waa ay isweydiin jirtay ayada oo leh: 'Ilaahayoow, xikmad noocee ah ayaa ku jirta mahiigaankaan aad ku di'say maalmahayga ee guuldarrada iyo basanbaaska ah? Mar keliya.. meerayaasha uma aadan wareejin liibaantayda iyo ka farxinta qalbigayga. Hal maalin keliya...adduunyada uma aadan dayn in ay indhahayga u iftiimaan? Markii hore waxaad sakhrad ku ridday miskiinkaas, waxaadna ku legedday holaca jacaylkayga. Deetana waxaad holacii sidoo kale ku soo geddisay qalbigayga, oo waxaad ka tagtay asaga oo la rafaadsan kulkiisa iyo hurkiisa. In yar ayaad dhexdayada iftiin ku shidday. Markii uu i milicsaday anna aan qooraansaday, uu ii soo dheereeyay anna aan xaggiisa u jeestay ayaad inta dheeraysay damisay faynuustii, oo aad na gu ka la gudubttay mugdi, waxaadna noo ga dhaqaajisay in uu midkaayaba dabkiisa isku duuduubo, uu na la keliyoobo hilowgiisa iyo qatooyadiisa. Waxaad indhahayaga hareerahooda ka dhigtay farxadihii dadka iyo aroosyadadoodii, halka aad qalbiyadayada shishadooda aad uga tagtay aas murugooyin iyo xanuunno ah.

Ilaahayoow, maxaan galabsaday? Maya e, muxuu galabsaday miskiinkaas aad dirtay si uu himilooyinkiisa uga baarbaaro mugdiga meesha uu joogo ee ah dhulka huustiisa? Laakiin se, maxaan u cataabayaa, maxaan se waxaan ugu hadlayaa, aniga oo og in tani ay tahay qaybtii igu soo aadday waagii hore ee aan maanta ka hor ku raalli noqday? Waxaa maanta i faran in aan ku raalli noqdo aniga oo samirsan oo mahadnaqaya.

Dabbidhaaf baan kaa tuugay Eebboow, iga guddoon ku raalli noqoshadayda iyo aqbalkayga buuxa ee waxa aad qaddartaada iiga xukuntay'.

Waxaa horteeda isu sawirayay malluugtii Mam oo aad mooddid in uu il gurtay iyo waji xanuunsanaya uu ka ga soo eegayo asaga oo xabsigiisa ka shisheeya, ayaduna ay xor tahay oo ay joogto dhinacyada qasriga dhexdooda. Waxaa ay taasi ku kaakicin jirtay walbahaarkeeda, ayada oo u sheekaynaysa ayaa ayna ku oran jirtay:

'oo Mamyoow, ma waxaad u malaynaysaa in barxadaha qasrigaan ay iiga ballaaran yhihiin ciriirga xabsigaaga? Mise in adduunyadaan hareerahayga ka ifaysa ay indhahayga uga madow yar tahay mugdiga aad ku dhex jirtid? Mise in wax uun barwaaqada aan haysto ah ay iga kaa boobayso oo ay iga kaa mashquulinayso? Maya, Ilaahay baan ku dhaartaye, Mam, waxaan kuu gu dhaaranayaa adiga oo ah qiblada qalbigayga mucaashaqa ah, himilada ruuxdayda ambadka ah, in daafaha adduunyada hortayda dhooban aanay ballaarkoodu ii kordhinayn wax aan ka ahayn shallayto iyo murug iyo in ifka qasriga igu hareeraysan uusan i tusinayn wax aan ka ahayn madowga nasiibkayga xun.

Barwaaqadaydu waa hinraagyada laabtayda dillaacinaya, raashinkaygu waa holaca mindhicirkayga googoynaya, cabbitaankaygu waa illinta beerkayga dhalaalinaysa, gogoshayduna waa cadaadda sida joogtada ah dhiigga uga keenaysa gunta qalbigayga. Ma lihi il ay illintu ka gurto si ay u indhaguduudsato iyo dareen kacdoonkiisu dego si uu xasilo.

Mam, tani waa xaaladdayda aniga oo barxadaha qasrigaan jooga e, waxaad iiga warranta sida xaalkaagu yahay adigu oo xabsigaa mugdiyadiisa dhex jooga? Ii sheeg cidda kuu gu wehelyeesha mugdiyadaas? Waa qofma ruuxa ku la fariisita ee aad xanuunnadaada u sheegatid? Habeenku sidee ayaa uu kuu gu dhammaadaa adiga oo aan cirkaaga ku arag xiddig ku sabaalisa ama ku soo jeedaalisa? Maalintu sidee ayaa ay ku gu dhaaftaa adiga oo aan hareerahaaga uga jeedin cid kuu sheekaysa ama neecaw ku soo marta oo ku yara qaboojisa ama aadan hortaada uga jeedin laan ama shimbir ku baashaalisa? Aaaaa! Haddii ruuxdayada labadayda dhinac u dhexaysa ay mar aadi lahayd godkaas si ay miskiinkaa u soo aragto oo ay uga soo warranto xaaladdiisa iyo caafimaadka jirkiisa! Waxaan ka baqayaa in argagaxu la dhaqaajiyo oo ay xanuunnaduna naftiisa afduubtaan oo ay sidaa ku soo afjaraan.

Maya maya, aaa, haddii ay carada amiirkaani anigana i so gaari lahayd oo uu igu cuslayn lahaa silsiladaha iyo katiinadaha oo uu xabsigaa ila geli lahaa baa! Markaana, Ilaahay baan ku dhaartaye waxa uu iga furi lahaa xabsiga adduunyadaan oo waxa uu ii sii deyn lahaa barxadaha jannooyinka, waxa uu na iga fakin lahaa dabarrada barwaaqadaan i burburisay jeer aan gaaro halka aan awoodo in aan guushayda ka arko, oo aan markaana daweeyo qalbigaas aanay xaaladdiisa cidina u dabcin.

Maxaa indhahayga uga ga daran mugdiga quustaan, maxaa se ka daran cabsida aan ka qabo in waayuhu ay sidaa ku duubaan kulankii ugu dambeeyay ee na dhexmari lahaa aniga iyo qofkii qalbigaan lahaa, ayna go'aamiyaan in ay iga qadiyaan xitaa daawashadiisa kore iyo ka warqabka xaaladdiisa'.

Sidaa ayaa ay Siin ugu bilaabatay in ay ugu dambayn waydo haraadigii jirkeeda ee xeelaad iyo xoog lahaa, waxaa ayna ka go'day cuntadii iyo cabbitaankii. Waxaa noojiyay caatadii iyo quustii jeer ay bililiqo u noqotay jirrooyinka iyo xanuunnada.

Walaalkeed ka ma aanay sii qarsoonayn waxa ay la dhibban tahay ee ah xanuunka iyo jacaylka daran ee ay u hayso Mam, laakin se waxa uu sii watay in uu ismoogaysiiyo arrinkeeda oo uusan xaaladdeeda dan u gelin. Waxaa sidaa ugu wacnaana waa in sakhradda masayrka iyo ficilada naftiisu ay caqligiisa ka dabooshay labadaan mucaashaq. Waa sakhraddii uu madixiisa ku afuufay waardiyihiisii xumaa markii uu ka masabbitay tuhun aan jirin, uuna amiirka moodsiiyay in aanay Mam ku harin wax ka horjoogsada in uu amiirka sumacaddiisa ku wasakheeyo macnayaasha caashaqa iyo jacaylka walaashii ka dib markii uu u diiday in uu u guuriyo.

Waxa uu amiirku ka go'ay in uu walaashii hal mar keliya dhugto oo uu hal eray xaalkeeda ka ga waraysto iyo in uu il naxariis leh ku eego, maya e, isku ma uusan dayi jirin in uu hal marna soo maro dhinaca ay qasriga ka joogto si uu u ogaado xaaladdeeda iyo halka arrinkeedu uu ku dambeeyay.

☙

KACDOON

*S*annad ayaa Mam ugu buuxsamay xabsiga, saaxiibtii guuldarradiisuna weli waxaa ay la silicsan tahay walbahaarkeeda iyo xanuunnadeedii nafsadeed iyo jir ahaaneed. Saaxiibbadoodna ka ma aanay dami jirin murugada iyo werwrka ay ku hayaan, si gaar ahna Taajuddiin iyo Siti. Kan maskaxdiisa ka ma aanay bixi jirin Mam oo dhex yuurara cidlada kelinnimada oo la rafaadsan gebagabadaan ay qaddartu ku xukunktay ka dib qadintiisii iyo guuldarradiisii. Taana ma aanay ka la go'i jirin xanuunka ay ku hayso xaaladda walaasheed Siin ee uu caafimaadkeedu aad u xumaaday, noogidda iyo caddibku ay gogosha ku uruuriyeen jeer ay ka yaqyaqsootay ee ay ku cuslaadeen dhammaan muuqalladii barwaaqadeeda iyo farxaddeedii ay waayuhu siiyeen ka dib markii ay walaasheed ka yaqyaqsootay waxaa oo dhan ee sidaa kharaarna ay waayuhu afka ciidda ugu dareen. Dhammaan iskudayadii ay saaxiibadu ku raadinayeen in Mam la gu sii daayo ee la cafiyo guuldarro ayaa ay ku soo idlaadeen, cid dambana ma aanay awoodin in ay amiirka ka dararin dalbaan naxariis iyo dhimrin uu u galo.

Habeen aammusan oo deggan ayaa ay dhammaan saaxiibbadii Mam isu gu yimaadeen gurigii Taajuddiin. Guriga ciddii aragta ay garanayso in maalin uun uu ahaa qasri ashqaraarkiisa lahaa. Waxaa ay u fadhiyeen tashi iyo talo isweydaarsi ku aaddan sidii xal ka ma dambays ah muhskiladdaan loo gu heli lahaa. Waxaa ay murugadu ka joogtay halka ugu dambaysa, waxa uu na sabirku ka gaaray heerkii ugu dambeeyay. Waxaa ay qaarkood ku taliyeen in dhammaantood mooggii ugu dambeeyay ay berri amiirka ku jarmaadaan oo ay Mam ugu ergeeyaan, ayna ka baryaan dhimirintiisa oo ay ku celceliyaan rejada ay ka qabaan siidayntiisa. Haddii uu ka yeelo waa dhag, haddii ka le na in ay isu soo noqdaan oo ay go'aansadaan waddo kale oo tan ka adag. Laakiin se Caarif oo aan taladaan u bogin ayaa yiri:

' waxaa tabarwaa iyo liidasho ah in dhammaan wixii aan codsi gaysannay ee aannu isu dullaynay aan isla qaabkoodii ku noqonno. In Mam xabsiga la ga soo saaro way dhaaftay wax ku suuroobaya baryada iyo hadalka golayaasha, waxa keliya ee maanta soo saarayana waa hal shay. Waa awoodda aynu leennahay. Aan maanta u dayno filashadeenna oo ha inoo hadasho. Golayaasha iyo xafiisyada ma aha e, waa bahgooyada iyo fagaarayaashii! Haddii aynu doonayno in uu Mam inoo soo laabto waa in aan berriba ku dhaqaaqno in aan xiranno cambuurbireedyadeenna, aan seefaheenna jeeniqaaranno, deetana aynu dhammaanteen fardaheenna ku joogsanno oo aan la dhaqaaqno eebooyinkeenna iyo warmaheenna oo aan ruxno, ayaga oo keli ahna aan ku dararsanno dhimrinta amiirka, si uu Mam u sii daayo. Haddii uu qalbi ahaan u dabco oo uu danteenna fuliyo waa sidii la rabay, haddii uu yeeli waayana waxaan ku dhawaaqaynaa dagaal kulul oo daran oo na dhexmara asaga iyo cid walba oo ta-ageerayaashiisa iyo la taliyayaashiisa ah ee doonaya in ay gablamaan, uuna ugu horreeyo kii gunta ahaa ee liitay. Shiidmareenka geeriduna markaa kabaha ha la baxdo ayada oo madaxyada sidii duufaantii u qaadaysa, Buudaanna ha noqoto kalareebtii jaaska geerida, dadka ku dhaqanna ha ku raaxaystaan laxanka gaashaammada iyo seefaha. Boorka intaa oo dhan ka kacaya aannu ugu jibaaxno Mam oo aan warmaheenna iyo awooddeenna ku badbaadinno ama aan ka dabatagno oo aannu la jirkiisa geerida iyo halaagga hab siinno'.

Judhii uu taladaan ujeediyay ee uu dhammeeyay hadalkiisii kululaa, waxaa kaakacday xammaasaddii golaha, dhiiggoodii ayaa ayna hurisay. Waxaa ay dhammaantood ku ballameen in ay berri isu yimaadaan ayaga oo agabkii dagaalka wata oo ay amiirka weerar ku qaadan. Subaxdii xigtay waxaa dadkii jasiiradda kediso ku noqotay wax aanay uga baran walaalihii saddexda ahaa. Waa kuwaan ayaga oo ay weheliyaan saaxiibbaddood iyo gacalkoodii ay ku soo wareegeen aheladoodii oo ay ka dalbanayeen saamaxaad, ayna sagootinayeen ayaga oo taladoodii dagaal ku guddoonsaday, lebbiskeedii u soo xirtay, agabkeediina u soo diyaarsaday.

Dabeetana ayaga oo fardahoodii ku jooga, qaarna ay lug yihiin oo tiro badanna ay noqdeen ayaa ay dhaqaajiyeen, oo waxaa ay afka saareen qasrigii amiirka. Markii ay meel u dhaw gaareen ayaa uu Taajuddiin dadkii la socday ka xushay oday da' ah, oo uu amiirka ergo ahaan ugu diray si uu arrinta uga ga warramo. Waxa uu faray in uu ku dhaho warkaan:

'amiir yahaw, walaalahaan afarta ah-Mam, Taajuddiin, Caarif, iyo Jooko, ma moogganid in uusan midkoodna weligii ka gaabin adeeggaaga, daacadnimada jacaylka ay kuu qabaanna aanay weligood isbeddelin e, xaqa iyo caddaaladda keenaysa in ay hal sano dhammaato adiga oo xabsiga ku haya walaalkoodii ugu qaalisanaa, uuna ku baabb'o qabrigaas, asaga oo aan halkaa ku haysan ilaalo iyo saaxib toonna?! Waxaad ku toosisay xaasidiintu in ay ku wiirsadaan, waxaadna hareeraha ka dhigtay murugada gacalka iyo saaxiibbada, waadna u weji beddelatay, oo ka ma aadan dhegaysan turriimadii ay kaa dalbadeen iyo codsigoodii toonna.! Waa maxay dambiga uu Mam galay? Dambigiisa keliya ee ka dhigay in uu ciqaabtaan oo dhan idin ka muto miyaa uusan ahayn in uu yahay mucaashaq? Oo laakiin se maxay ayaa uu sameeyaa ayada oo uu caashaqu leeyahay saldanad ka xoog badan saldanaddaada? Oo hadde haddii aad awood badan leedahay maad ka aargoosatid suldaankaas ku gu madax adkaaday ee asaga addoonsaday halkii aad ka aargudan lahayd dambilaawaygaan tabarta daran ee aan talada waxba ku lahayn? Amiir yahow, walaalahaan afarta ah cidina ma ay mooggana in ay afar tiir u yihiin guushaada iyo saladanaddaada, waxaa ayna maanta u soo socdaan bankaaga ayaga oo sita magaca oofinta iyo caddaalada, mooggii ugu dambeeyayna doonaya in aad afareeyahoodii xabsiga ka siidaysid. Haddii se aad yeeli weydid, inta hartay midkoodna maanta ka dib baahi u ma uu sii qabayo nolosha'.

Odaygii waa uu tegay, waxa uuna idan weydiistay amiirka ka dib markii uu Bakarna arkay oo uu arrinta oo dhan ogaaday. Waxa uu farriintaan u gaarsiiyay sidii uu Taajuddiin ugu sii dhiibay. Waa uu joogsaday asaga oo jawaab sugaya. Amiirkii waa uu fakaray asaga oo ay ka muuqato astaamaha digtoonida iyo kaadsiiyuhu. Deetana waxa uu eegay odaygii, asaga oo sirtiisana qarsanaya ayaana uu ku yiri:

'odayahaw, ku laabo kuwaan ku soo dirsaday oo waxaad ku dhahdaa, halkee ayaa ay ismoodsiisyadaan kharriban ay maskaxdooda uga soo dhaceen jeer ay madaxa gashadeen kacdoonkaan aan loo baahnayn? Wixii doonaba ha dhacaane, ma caqligal baa in aan isdhaafinno oo aannu ka tagno saaxiibbadayo oo aannuna faraha ka la baxno qaddarintooda iyo jacaylkooda. Weliba ayada oo ay jirto in ay noo adeegeen oo ay na gu leeyihiin abaal aan la illaawayn. Mam se in aan sidaa u galno waxaan ugu garannay in aan edbinno oo aan xadkiisa tusinno. Maantana waa tan oo aan Mam iyo Siinba ka dhigayo kuwa la gu furtay Taajuddiin iyo walaalihii. Ha isdejiyaan. Weliba waan u hibaynayaa si ay hubsadaan daacadnimada gacaltooy-adayada iyo qaddarintooda'.

Waxaa markaa iftay duuduubyadii wejiga odayga, asaga oo uu mahadcelinaya ayaa uuna isu soo goday, deetana waa uu geddoomay oo waxa uu ku noqday duulkii sugayay. Judhiidii uu uga warramay wixii uu amiirku yiri, waa ay furdaansameen, kacdoonkoodii waa uu damay, waxaa ayna ku laabteen guryahoodii ayaga oo sugaya farxadda siidaynta Mam iyo in loo guuriyo gacalisadiisii Siin.

❧

DHAGARTII

*I*ntii uusan odaygii qasrigaba ka dhammaan ayaa uu amiirkii ku dhaqaaqay in uu si dhab ah arrinta uga fakaro, waxaana kaduudyada wajigiisa iyo ifka indhihiisa ka muuqday ahmiyadda daran ee ay arrintu leedahay. Waxa ay maskaxdiisu bilowday in ay ku meeraysato dhagar uu u maleegayo kuwaan ku kacdoomay.

Se, warkii uu odayga ku yiri ma ahayn mid gunta naftiisa ka soo go'ay e, waxa uu ahaa isdaadraacin uu isku dhaafinayay si kacoodnkoodu u damo oo ay ka laabtaan go'aankooda kaakicinta fidnada iyo dagaalka. Sababtuna, waa in uu ogaa in kacdoon ka ga yimaada dhanka Taajuddiin iyo walaalihi aanay dani ugu jirin, weliba ayaga oo hiil iyo taageerayaal ku leh jasiiradda. Sidaa darteed ayaa uu ballanqaadkaan ugu soo halgaaday si uu u maaweeliyo oo ay uga noqdaan taladii ay ku heshiiyeen ilaa inta uu fakarkiisa ku maleegayo xeelad uu ka ga la hormaro in uu arrinta u agaasimo sida uu doono, uuna ka ga hor istaagi karo tubta kacdoonka iyo xoogga.

Waxaa u soo galay Bakar oo werwer la isugu keenay, ka ma ana aanay qarsoomin- maadaama uu maqlayay wixii uu ergaygu yiri oo dhan iyo jawaabtii uu amiirku siiyay, in uusan amiirku daacad ka ahayn ballamihii uu qaaday iyo in fakarkiisu uu baadigoob ugu jiro qaab uun uu mowqifka uga samatabaxo, arrintana si kama dambays ah uu uga faraxasho. Asaga oo dhinacyada xafiiska hagaajinaya oo yara habaynayaa ayaa uu bilaabay in uu dhaho:

'Ilaahay baan ku dhaartaye waxaan tan iyo waa horaba ka cabsi qabay in ay duulkaani fursadda ka faa'idaystaan oo sabab uun gacankurimis ah ay u cuskadaan in ay fidnada iyo khalkhalka ku kaakiciyaan qasrigaan. Ilaahay baan ku dhaartaye, ujeedkooduna sida aad tan iyo bilowgiiba ogayd ma aha wax aan ka ahayn in ay saaxiibkood Taajuddiin gaarsiiyaan riyada weli madaxooda ka guuxaysa?'

Deetana waxa uu ku jeestay amiirkii oo waxa uu ku yiri:

'laakiin se wax kallifaya ma jiraan in uu amiirku sidaan oo dhan uu dartood u xisaabtamo iyo in uu naftiisa ka siiyo werwer iyo danayn. Haddii uu doono waxa uu awoodaa in uu sida ugu fudud uga takhalluso Taajuddiin iyo walaalihii. Dilka Mamna waddada loo marayo waa waxa ugu fudud, amiirkana ku ma ay kallifayso wax aan ka ahayn in uu Siin isaga dhigo sidii in uu yahay qof shallaysan oo go'aanna ku gaaray in uu Mam cafiyo oo uu u guuriyo. Deetana uu u diro qooladda uu xabsiga ka ga jiro si ay ayadu gacanteeda xabsiga uga soo saarto, waadna og tahay boqorkaygiyoow, in uu si aad u daran u caashaqsan yahay, waxaa ayna u badan tahay in marka ay aragtideedu kediso ku noqoto ka dib maqnaansha intaa le'eg, hilowgiisa iyo quusta naftiisa jibaaxaysa darteed uu dhici doono asaga oo ay naftu ka baxday.

Taajuddiin iyo walaalihi soo maaha, aad bay u sahlan tahay haddii uu boqorkaygu doono oo uu arrinta ii daayo in aan u keeno koobab cabbitaan sumaysan ah'. Si walba oo uu amiirku isaga dhigayay in uu ka mashquulsan yahay sheekadiisa, haddana si kal iyo laab leh buu u dhegaysanayay, hadalkiisa iyo taladiisa ahmiyad ayaa uu siinayay. Dantiisa oo dhanba waxaa ay ahayd in uu sida ugu dhaqsaha badan uu arrinta u helo xal ama qaab uu ka ga caynto kacdoon kaga yimaada Taajuddiin iyo saaxiibbadii asaga oo aan codsigooda iyo dantooda u fulin.

Sidaa oo ay jirta, haddana uma aanay diidin in uu dhibsado Bakar iyo dabeecaddiisa kakan ee uusan joogayn in uu arrimahaan faragashto oo uu dhexgalo waxaan si dhaw iyo si dheer toonna u khusayn. Waxaa indhihiisa hor yimid wajigiisa mar walba oo uu eegaba xumaantu dhex deggan tahay, isla jeerkaana ah isha ay fidnadaani ka soo maaxatay ee fakarkiisana boos weyn ka qaadatay, si walba oo uu kicinteeda uga run sheegay ee ay daacad uga ahayd ama uu u masabbitay asaga oo aan dan ka lahayn wax aan ka ahayn in uu dabkeeda ku huriyo oo uu karkeedana ku gubo dambilaawayaal. Sida dhabta ahna intaan uun ayaa amiirka ugu filan wax ku riixa in uu nibcaado oo uu ka wisiwso muuqaalkiisa iyo hadalkiisa aan baasaysi mooyee wax kale la ga dheehanayn. Maya e, waxaa la ga yaabaa in ay tani ku riixi lahayd in uu ku talaxumaysto cayrintii-sa-ayada oo ay jirto baahida uu u qabo waardiye sidiisa oo kale u xun oo maskax badan, waa se haddii aanay jirteen baqdin uu ka qabo in uu Taajuddiin moodo in waxa dhacay oo dhan ay ka dhasheen dhagartii iyo masabbidaadda Bakarkaan weli amiirka hareerihiisa isku mashquulinaya asaga oo sugaya in uu ugu jawaabo eray aan ka ahayn in uu amray in uu baxo oo uu albaabka u sii xiro, maantana aanay cidi u soo gelin.

Maalin caddeey oo dhan lama arag amiirka asaga oo keliga ah oo fakaraya mooyaane, habeenkii oo dhanna dhafar ayaa uu ahaa, waxa uuna noqday ruux fakarku la dhaqaajiyay oo iska foorara. Waxa uu maskaxdiisa u soo bandhigayay aragtiyo badan oo garabsocda taladii Bakar qaar uu ka qabsaday, marnana ku ma aanay jirin fikradihiisa in uu cafiyo Mam oo uu walaashii u guuriyo. Tani wax aad u fog bay noqotay weliba markii ay sababo badan oo ka dabayimid ay mustaxiil ka dhigeen. Sababta koowaad waxaa ay ahayd in ay amiirka soo gaartay in Taajuddiin uu ku dhaqaaqay in uu galaangalkiisa u adeegsado in uu si qarsoodi ah oo uusan ogayn uu Mam ugu guuriyo. Waa sababta markii kicisay carada amiirka oo ku khasabtay ku dhaarashada in uu horjoogsado suurgalnimada arrintaas. Sababta labaadna waxaa ay ahayd waxa dadka ku dhex faafay ee uu Bakarna u soo weriyay ee ah jacaylka daran ee uu Mam u qaaday walaashii iyo dheeraad kale oo aan u cuntamin in ay dhegihiisu maqlaan. Sababta u dambaysay ee maanta ku riixday in uu macangagnimadiisa sii kordhiyo oo uu aragtidiisa ku adkaystana waxaa ay ahayd in

Taajuddiin iyo tolki ay ula yimaadeen kacdoonkaan ayaga oo
raadinaya in uu saaxiibkood xoog iyo hanjabaad ku cafiyo!

Amiirku se, in uu Talada Bakar fulinteeda ku dhaqaaqo si weyn
ayaa uu uga baaraandegayay, ma na uusan ku dhawaan in uu helo
wadiiqo maangal ah oo uu ku fuliyo. Sababtuna, waa in aanay
sahlanayn in Taajuddiin iyo walaalihii sida Bakar leeyahayba sun
looga takhalluso. Wax dammaanad ah ka ma uusan haysan in ay taasi
keenayso natiijo deggan oo bedqabta, weliba ayaga oo ay ka
dambeeyaan hiil iyo taageerayaal isweydiin doona sirta ka dambaysa,
aan joojin dooninna baaritaanka xaqiiqada aanay ugu dambaynta
fashiliddeedu ka sii fogaanayn.

Haddana, waa xeelad aad u foolxun oo aan ku habboonayn in ay
ka timaaddo cid aan ahayn dhagarqabe gun ah oo Bakar oo kale ah.
Haddii ay amiirka wax uun ka tilmaamaysana waxa keliya ee ay
tusinayso waa fulaynimada u diidaysa iskahorimaadka iyo dagaalka
foodda la isku daro. Sidaa oo ay tahay, haddana gacmihiisa ku ma
aanay jirin wax aan ka ahayn dhagartaa hubka fulayada iyo tabar-
laawayaasha ah. Yaa se amiir Sayn al-Diin uga fogaansho badan in uu
sidaa noqdo iyo in ay tabardarradu agtiisa timaaddo. Tallaabada
hore ee talada Bakar iyo wadiiqada uu u arkay in Mam la ga ga
takhalluso, amiirku waa uu ku laab qaboobi lahaa haddii ay saxnaan
lahayd in haddii walaashii uu sidaa kediska ah ku arko ay dunidu
daldali lahayd oo ay nafta ka siibi lahayd. Shaki ku ma jiro haddii ay
arrintu sidaan ku fusho in ay tahay kaarto la ga farabuuxsaday, waana
tallaabada u horraysa una dambaysa ee ay dabadeedna mushkiladdu
dhammaanayso. Si walba oo ay tahay, amiirkii il iyo baalkeed isu ma
uusan gayn habeenkaas oo dhan jeer uu xallinta arrintaan talo u
guddoonsaday.

☙

SHALLAYTO

Waabberiga maalintii xigtay waxa uu amiirku ku qanacsanaa qayb ka mid ah taladii Bakar, waxa uuna mabda' ahaan arkay in aanay meesha ool wax ka qumman. Haddii ay keeni weydo natiijada la ga filanayo, talo kale ayaa weli meesha ka bannaan. Waxa uuna ku dhaqaaqay fulinta fikraddii liitaaga.

Xafiiskii ayaa uu ka baxay, waxa uuna raacay jaranjarada asaga oo ku wajahan qolka walaashii Siin. Qolkii ay muddo badan ka soo wareegtay goor uu galo ama uu soo maro asaga oo danaynaya cidda ku jirta. Waxa uu soo gaaray albaabkeedii xirnaa, in yar ayaana uu istaagay sidii oo uu degganaantiisii soo ceshanayo. Deetana si dhimirsan ayaa uu u riixay oo waa uu galay. Wuu galay, mise waxa uu dhex taagan yahay qol deggan oo shib ah, daaqadaha loo xiray, foomalleerradeedii la awaday oo deetana noqotay mugdi qamdariiran ah. Indhaha ayaa uu daafaha la raacay, laakiin se waxaa ay indhihiisu durba u dheereeyeen joogga gabar hinqatay ayada oo liicliicaysa oo isku dayaysa in ay kacdo oo ay cagaheeda isku taagto.

Waa uu u soo dhawaaday, waxa uuna labadiisa indhood ku wareejiyay jirkeeda baabba'ay iyo muuqeeda naxariista iyo daqnashada ku gu dhalinaya ayada oo si dhib leh ku taagan, gummadaheeduna ay la leexleexaysanayaan tabardarrida iyo weydnimada. Waxaad eegmadiisa moodaysay in si saamoobid iyo yaab leh ay isweydiinayaan:

'ma tan baa walaashaydii Siin ee aan aqaannay ayada oo caafimaad
ahaan iyo jir ahaanba joogta heerka ugu ashqaraar badan, dhalaalka
iyo indhadaraandarkana heerka ugu qurux badan? Waxaa oo
dhammi ma dhammaadeen oo ma qarsoomeen aniga oo aan
dareemin? Deetana si deggan ayaa uu u dhinac fariistay. Waxa uu
bilaabay in uu aammusnaan hareeraheeda indhaha ku la raaco, asaga
oo dareemaya macnayaasha shallaytada iyo murugada oo ku fidsan
dhinacyada qolka iyo waxa ku jira oo dhan. Halkaas waxa yaallay ee
leh goglo, fadhiyada ku hareeraysan, daahyada horteeda sii daysan,
alaabaha dhinacyada ku kala firiqsan oo dhan ku ma aanay jirin wax
aanay murugada iyo dhibaatadu si muuqata ugu taaban miskiintaan
hoogtay awgeed.

Deetana waa uu laabtay asaga oo ay naftiisa xushay raad weyn oo
ay murugadu ku dhalisay, waxa uuna u jeestay walaashii ayada oo
foorarsan, aammusan, oo anfariirsan. Si dabacsan ayaa uu midigtiisa
ugu soo qabtay qaybta wajigeeda ugu hoosaysa, waxa uuna kor ugu
soo qaaday ku beegga indhihiisa asaga oo u fiirsanaya sida uu u
doorsoomay ee astaamihiisiina u basbeeleen.

Indhihiisii ayaa ku dhacay eegmadeedii. Eegmo hanjab ah oo ka
imanaysa laba indhood oo guray oo ay illintu dildillaacisay, xaggiisana
u ifaya ayaga oo giriiraya sidii in ay ka arxan dalbanayso ayada oo leh:

'sidee ayaa ay boowe kuu la sahlanaatay-anigaan qalbigaaga
walaashii rumaad ah, in aad sidaan oo dhan iigu darnaatid, afkaygana
aad ka fogaysid farxaddayda iyo laabqabowgayga oo aad sagxadda
ugu malaastay? Sidee ayaa ay kuu gu cuntantay walaalle-aniga oo ah
walaashaadii ay weligeedba farxadahaagu ranyraynta u ahaayeen, in
dhallinyarannimada wixii aan ku lahaa aad ku gubtid dabka
guuldarrada iyo qatooyada, aadna gurigaan iiga tagtid aniga oo
taahaya oo aadan ii diirnaxayn, gurmadna aan dalbanayo oo aadan ii
jawaabayn? Maxaan gaystay-walaal, oo aad sidaa dhan iigu ciqaabtay?
Ilaahay baan ku dhaartaye jacaylkayga wax aan xinjiro xanuun badan
ahayn ka ma aanan dhadhamin. Ilaahay baan ku dhaartaye maalinna
si qarsoon iyo si muuqata toonna kuu ma khiyaamin. Ilaahay baan
ku dhaartaye ruuxdayda ma aanan wasakhayn oo ku ma aan dhajin

bar ceeb ah sida aad moodaysid?

Judhii ay indhaha amiirku ku dhaceen eegmooyinkeedaan, ee uu u fiirsaday waxa ay u waxyoonayso naxariis dalbashaadeedu ayaa waxaa ruuxdiisa ka dhex dusay giriir dabac iyo naxariis ah oo dareennadiisa oo dhan qaaday. Waxaa ay u sii gudubay gunta qalbigiisa, waxaa ayna u jaftay si xanuun badan oo ay ka soo daadisay wax walba oo qalbigiisa isku aabburay ee kakanaan iyo caro ahaa, waxa uuna bilaabay in uu naxariis la garaacmo, oo uu la ruxmo qoomamo iyo shallayto. Waxa uun yiri asaga oo illinta iska celin la':

'Ilaahay baan ku dhaartaye waan ku dulmiyay abbaayo. Haa, Ilaahay baan ku dhaartaye, waxaan kuugu darnaaday ilaa xad aanan u malaynayn in toobad iyo shallayto walba ay suuragalinayso in aad dambigeeda ii dhaaftid! Siineey maxaa igu habsaday? Xaggee ayaan ku waayay qalbigaygii iyo beerkaygii jeer aan sidaan oo dhan kuu galay? Waxaan oo rafaad wajigaaga ka muuqda ah, caatoobidda, tabardarnaanta ba'an ee jirkaagu ma raadkii kakanaantayda baa? Kakanaana walaalkaagii guuldarraystay ee ayaanka darnaa? Dabkii qoomamada ayaa Siineey qalbigayga rudaya. Xanuunkii shallaytada ayaa beerkayga dildillaacinaya.

Kaalay, abbaayo, ii sheeg, maanta ma awoodaa in aan ka kafaaraguto? Ma aan awoodaa in aan dib u noqdo oo aan ku dedaalo sidii aad u soo ceshan lahayd farxaddaadii iyo quruxdaada barbaarn-imadeedii? Miyaanan weli awoodin in aan waqtiga ka dabatago?'

Intii aanay erayadaani ku wada dhicin dhegihii miskiinta maalmihii cimrigeeda ku duuduubatay rafaadkii hoogga iyo xanuunnadiisa asaga oo aan u dabcin oo aan u dangelin, ayaa waxaa uu qalbigeedii si degdeg ah aad ugu nuglaaday xaaladdeeda, waxaana dhexdeeda ka curatay duufan weyn oo xanuunno iyo hinraag ah. Tabardarraduna waxaa ay awalba la gaartay heer aanay waxaas oo dhan xammili karin e, waxaa laabteeda ka soo butaacay hir weyn oo dhiig ah oo hal mar dhuunteeda fag ka soo yiri oo dhulka qulqulay, jeer ayna si buuxda uga miyir beeshay nafteeda iyo wax walba oo ku hareeraysnaa.

Amiirkii waxa uu ka qarracmay muuqaalkaan cabsida leh, hurkii qoomamada iyo turriimaduna waxaa ay bilaabeen in ay gubaan dareennadiisa, ayna rudaan mindhicirkiisa iyo qalbigiisa. Waxa uu waayay isudheellitirnaantiisii iyo baraaruggiisii. Waxa uu iska dhinac fariistay walaashii oo dhulka biliqsan, ku na dhex jirta dhiiggeeda asaga oo qaylinaya oo ooyaya, sidii dumarkiina isudharbaaxaya.

Ayada oo uu xaalku sidaa yahay ayaa waxaa qasriga timid Siti oo ku socota qolka walaasheed si ay u soo booqato oo ay u ogaato xaaladdeeda iyo caafimaadkeeda. Sidaadii ay albaabka u soo gaartay ayaa ay aragtay muuqaal cabsi badan oo ay la jiriricootay, miyirkiina ka qaaday.

Waxaa ay aragtay walaasheed oo dareen la'aan dhextaalla hir dhiig ah! Waxaa kale oo ay aragtay amiirkii oo dhinac fadhiya, ooyaya oo fiqifiq leh! Waa ay ku qaylisay ayada oo leh, yaqiinsatayna in caradii u dambaysay ay madaxiisa ka gurxamayso:

'maxaa daalim yahow ku helay? Miyaanay caradaadu ku damin dhammaan noocyadii ciqaabta ee aad qoftaan hoogtay aad marisay ilaa aad dishay oo aad dhiiggeedii daadisay ayada oo sida ay ku socotayba ku sii jihaysnayd jidkii dhammaanshaha iyo dhimashada?

Amiirkii ayaa ku jeestay oo asaga oo ay murugadu dili rabtana ku yiri:

'igu filan abbaayo. Dabkayga ha sii kordhin. Maahi dilaa. Waa suuxdin'.

Walaalkii iyo walaashiiba waxaa ay hareeraha ka fariisteen walaashood ayada oo uu argagaxu ka tan badiyay, waxaa ayna isku dayayeen in ay soo miiraabiyaan oo ay toosiyaan ayaga oo aan waxba ka dheefin. Waxaa gudbay saacado. Waxaana hareerahooda soo dhoobtay dhammaan dadkii qasriga joogay ee ehel iyo qaraababa lahaa, waxaa ayna isku dayayeen in ay soo nooleeyaan ayaga oo adeegsanaya agabka iyo hababka ka la duwan ee dawada, wax natiijo ahna ka ma aanay keenin.

೫

DARDAARAN

Maalintii waa ay dhammatay, qorraxdiina waxaa ay dhacday ayada oo ay Siin weli sideedii u bilqan tahay qolkeeda ayada oo aan garasho iyo dareen toonna lahayn. Madaxeedu waxa uu barkanaa dhabta walaalkeedii amiirka ahaa ee ay oohintiisu ka la joogsan weyday, ehelka iyo qaraabaduna waa ay ku hareeraysnaayeen ayaga oo wareer iyo xanuun ba'ani ay hayaan. Ma aanay ka la garanayn in ay tahay suuxdin waqtigeedu dheeraaday ama se geeridii iyo qallihii u dambeeyay oo ku soo degay! Waxaa ay baarbaarayeen xididdadeeda, waxaa ayna goobayeen garaaca wadanaheeda. Mar, waxaa ay cabbaar u ekaanaysay sidii in ay tahay gobol qallalan oo aan dhinacna ka samaynayn dhaqdhaqaaq ama wadnagaraac, deetana waa ay soo noqonaysay oo wadnaheedu waa uu dhagdhgalaynayay, si tabardaran oo gaabis ahna ayaa ay neefta marna jiidaysay marna sii daynaysay, kolkaana waxaa in yar iftiimi jiray kaduudyada wajiyada foorara ee ku hareeraysayn. Waa ay negaayeen ayaga oo sugaya naxariis Ilaahay oo soo haleesha una soo celisa ruuxda iyo dareenka.

Ayaga oo sidaa ku jira ayaa waxaa soo galay addoommadii midkood oo ordaya, amiirkana ku leh:

'boqorkaygiyoow, waardiyayaasha qasriga midkood ayaa yimid si uu kuu soo gaarsiiyo in Mam uu ku jiro xaalad u eg nafbax e, maxaad amraysaa?'

149

Judhii la soo hadalqaaday magacii Mam ayada oo la gu jiro jawigaas ay ku jirto neeftii Siin ee aammusnayd ayaa waxa ay ku sandaaratay ruux ka soo bixisay hurdo dheer, jirkeedii waxaa jibaaxday argagax wada gaaray, waxaa ayna ka la furtay indhaheeda ayada oo hareeraheeda dhuganaysa. Waxaa ay horteeda ku aragtay gobol weyn oo illin dhulka goglatay ah, waxaa ayna qolkeedii u soo miiraabtay asaga oo la circiiraya qaraabo, saaxiibbo, iyo dumarkii qasriga oo hareeraheeda tuban, ku na eegaya indho debacsan iyo wajiyo ay hareeyeen tiiraanyo iyo murugo. Waxaa ay aragtay walaalkeedii amiirka ahaa oo dul fadhiya sidii ilmihiina u ooyaya! Waa ay fariisatay ayada oo is yara tiirinaysa, wejigeeda oo ay calaamadihiisii doorsoomeenna xaggiisa u duwday, ayna ka muuqdaan dareenno qalaad oo ku soo biiray:

'amiir yahaw, ma waxaad ooyaysaa maalintii farxaddayda iyo arooskayga? Ma waqtigii aad sabab u noqon lahayd farxaddayda ayaan sabab u noqonayaa oohintaada iyo murugadaada? Boqorkaygiyow, ruuxdaydii maanta la ga bilaabo waxaa ay aadday farxaddii aan in badan sugayay, ee hilowgeeduna dhibaateeyay. Waxaa ay kartay in ay xaggeeda u duusho ka dib markii aad oggolaansho siisay, xaggeedana aad turriimada ugu soo dhaqaaqday. Maantadaan ayaan soo afmeeray dabaal dheer oo aan ku soo jiiray baddaan dhanaan, ka dib markii ay soojibaaxiddeeda ku qallaleen dhammaan farahayga iyo addimmayddu, hirarkeedana aan ka la kulmay rafaad, duufaannadeeda daranna ay i legdi gaareen.

Imminka oo aan xeebtii soo gaarayna waxaa khasab igu ah in aan in yar istaago si aan u nasto. Waa in aan wax yar halkaan istaago, ka hor inta aanan qaadin jidkayga ku jihaysan xagga waaritaanka i dhawraya. Aan idin sagootiyo, cafis idin weydiisto, dardaarankayagan aan boqorkaygiyoow idiin mariyo'.

Deetana waxaa ay madaxeeda ku tiirisay barkin ka dambaysay-aya-da oo ay wajiyada goobjoogayaashu ku midabboobeen murugada iyo tiiraanyada, aammus iyo foorarna uu meeshii ku habsaday. Siin waxaa ay bilowday in ay walaalkeed ugu sheekayso sidii in ay riyoonayso, waxaa ayna lahayd:

'ha murugoon, walaalkii qalbigayga iyo ruuxdaydoow! Ha ii ooyin. La gu gu furay boqol walaal oo siin oo kale ah. Ha murugoon, boqorkaygiyoow. Waan aqbalay xanuunnadaan iyo jirrooyinkaan tan iyo markii aan Mam u doortay in uu noqdo saaxiibka ruuxdayda iyo ka hor intii aanay qaddartu i dabaalsiinin rafaadka iyo murugada jidkiisa iyo aawadii iigu dhacay. Hoogga iyo dhibaatadu waa calafka qalbigayga, saldannada iyo farxadduna waa qaybtaada.

Boqorkaygiyoow, maanta ha igu qabsan wax uun calafkayga ah. Waa saamigaygii, waan ku qanacsanahay oo raalli baan ku ahay. Adigu, boqorkaygiyoow, noqo oo ku fariiso sariirtii saladanaddaada, taajkaagana waxaad ka janjeerisaa bartaan madaxaaga ah. Waxa aad hareerahaaga ka oogtaa kulannada baashaalka ee sida ashqaraarka ah loo nidaamiyay, dhexdoodadana waxaad wareejisaa farxadaha waqtiga iyo wehelkiisa. Madaxda iyo addoommadaba ku sakhraami cabbitaanka barwaaqadaada. Barbaarnimada cayaarta iyo baashaalku inta soo noqdaan ha ku xarragoodaan odayada ku la fadhiya. Gogoshaada ku diyaari cuntooyinka iyo cabbitaannada macaan. Dhinacyada ku habee wadiiqooyinka saafiyoobidda iyo barwaaqada. Waxaad dhexdooda ku firdhisaa noocyada catarrada iyo waxyaalaha la gu farxo. Waxaad taa u ururisaa cawayswadaagyada iyo saaxiibbada, dhexdoodana ha ku jaasaan midabbada ka la duwan ee farxadda, dushoodana ha ka ruxmaan ubaxyada iyo laamuhu.

Boqorkaygiyoow, maantadaan waxaa dhammaystirantay roo-xaaniyaddayadii, waxaana na ga dhammaatay xargihii xayawaannimada iyo dhammaanshaha. Waxaa na la ka dhex bixiyay teedadkii iyo daahyadii. Jirkaan in yar ka bacdi waxaa la gu aasi doonaa ciiddiisii, laakiin se ruuxdayda wax u diidaya barwaaqadeeda iyo xiriirkeeda ma ay jiraan.

Boqorkaygiyoow, ha illaawin in aad dhigtid farxaddayadii oo buuxda. Labadayadaba waxa uu midiba iskii u noqday ruux, laakiin se weli waannu gaaddakacayaaraynaa. Waxaannu u janjeersannaa cuntooyinka macaan iyo farxadaha. Ma xusuusataa aroooskii quruxda badnaa ee aad u dhigtay walaashay iyo saaxiibkeeda nolosha iyo sidii ay magaaladaani markaa ugu dhalaashay if iyo wehel? Waxaan boowe kaa rejaynayaa in aad anigana maalinta arooskayga isiisid dedaalkaas oo kale. Waxaad jasiiraddaan amartaa in ay noqoto oo ay oogadana uga baxdo fardaha baashaalka, waxaad adeegayaashaada iyo ciidankaaga u dirtaa in ay oogaan farxadaha iyo xafladaha, shaamshaamnimada farxadda iyo isruxiddooduna ha soo laabtaan oo ha ku wareegaan madaxyada, mar labaadna ha isqurxiyaan dhammaan fagaarayaasha, jidadka, iyo suuqyadu.

Walaal, waqtigu waa ciriiri e, waxaad ku dedaashaa in aad u degdegtid qababaalinta agabka iyo diyaarintiisa. La ga fursan mayo diyaarintiisa si aad haddeerba u la soo haleeshid. Boqorkaygiyoow, ma xusuusataa sartii Siti. Sartii yaabka lahayd ee kaaha badnayd? Waxaan u baahanahay naxash quruxdiisa iyo ifkiisa oo kale leh. Waxaan doonayaa in la ga sameeyo nooca ugu sarreeya kolkaatiga. Kolkaatiga la xardhay, daboolkiisuna ashqaraarka iyo quruxda ha ka la mid noqdo. Ha la gu qurxiyo oo ha la gu xardho dahab iyo qalin. Muuqaallada xafladda iyo farxadda hareerihiisa ahna ha dhammaystirnaadaan.

Boowe, waxaan isugu kaa bihinbihinayaa in sidaa aan u leeyahay aad iigu hirgelisid. Maalinta farxaddayda ha u oggolaan in ay dadka hortooda wax liidata ku noqoto. Marka ay dadku qabriga i bud-dhigayaan ayaga oo murugaysan oo xanuunsanaya yaanay oran: 'arooskii Siti in intee dhan ayaa uu waayaha dhexdooda ka ifayaa, xiddigga Siin se immisa ayaa uu yahay mid madow oo qundul ah tan iyo waa hore! Deetana walaashay faraha uga qaad in ay noqoto tan gacanta ku haysa qurxintayda iyo dhaqiddayda, ayna ka mid noqoto inta raacaysa naxashkayga ee sagootinaysa. Mam soo maaha, faraha uga qaad saaxiibkiisa oofinta badnaa ee daacadda ahaa in uu noqdo kan sidii uu doono u dhaqaya, u na raacaya rugtiisa u dambaysa'.

In yar bay aammusaty sidii in ay daaltiranayso, deetana waxaa ay sii wadatay hadalkeedii ayada oo leh:

'wixii intaa ka dambeeya, wanaaggaaga ii dhammaystir sayidkaygiyoow, oo hal sano ha buuxsanto adiga oo quudinaya dadka baahan, dadka aan dhar haysanna aad hu' siinaysid. Hareerahaaga waxaad isu gu keentaa faqiirrada iyo masaakiinta si aad u deeqdid oo aad ugu dhimrisid. Waxaad baadigoobtaa dadka ayaanka daran yo kuwa guuldarraystay si aad u sabaalisid oo aad uga farxisid. Waxaad boowe masaxdaa illinta kuwa hoogay, wanaaggaagana waxaad ka ga dulqaaddaa dhibaatooyinka qalbiyada kurbaysan. Waxaad furdaamisaa gacamaha kuwa qafaalan iyo kuwa xiran. Waxaad gacanta daalimiinta ka fakisaa kuwa taagta daran iyo kuwa la dulmiyay. Waxaad nafaha mugdiga ah waxa ku qarsoon aad ugu iftiimisaa wax uun barwaaqadaada ah, qalbiyada waaweynna waxaad gelisaa dhimrintaada. Kuwa argagaxsan ee ay beladu ku dhacday u dhawoow si aad u wehlisid, kulannadaada iyo farxaddaadana u dhawee si aad uga rogtid hammigooda iyo murugadooda. Waxaad baadigoobtaa habeenka gudihiisa ku wareegaalaysanaya iyo kuwa mugidiyadiisa ku ooyaaya. Qorraxda waxaad la baarbaartaa kuwa bahgooyooyinka ku habowsan ee himiladooda u la cararaya taagsimaha iyo qararka oo dawee xanuunnadooda, dhaawacyadooda u boogadhay intii karaankaagu gaaro, tabartaaduna ay karto. Sayidkaygiyoow, ha illaawin in marka aad waxaa oo dhan samaynaysid aad iila niyootid, aadna ka bixisid xisaabta qababaalintayda adiga oo aan hadalkayga u ka la qaadayn xaqiiqo iyo sarbeeb.

Deetana waxaan kaa baryayaa in aad boqorkaygiyoow fulisid sadarka ugu dambeeya dardaarankayga oo ah in aadan oggolaan wax teed ah oo aniga iyo Mam rugtayada ugu dambaysa na loo dhexaysiiyo. Walaal, halkaa noo daa in aannu hab isku siinno hal qabri annaga oo faraxsan oo barwaaqaysan, oo ha istaabtaan jirkayaga ay qatooyadu gubtay, hilowga iyo kalatagguna ay dhalaaliyeen.

Sayidkaygiyoow, waan ku gu dheereeyay, laakiin se cudurdaarkaygu, waa in uu na ga horreeyo jid dheer, godkaygu waa uu kaa fog yahay, waa uu gun dheer yahay, maalintii ka la tagguna waa ay dhawdahay'.

Halkaan, waxaa ay argagaxii iyo murugadiiba ku dul habsadeen dadkii joogay ee hadalkeeda maqlayay oo argagaxay, madaxana hoos u rogtay. Waxaa cirkaa isku la dhegay buuqii, oohintiina waa ay ka sii dartay. Ma aanay harin il aan burqan daadad illin ah, amiirkii ayaana ku soo siqday asaga oo ooyaya, oo inta uu hab siiyay ayaa asaga oo madaxa ka dhunkanaya uu yiri:

'Waxaan abbaayo-anigaan ah walaalkaagii ku gu kakanaaday ee

aan kuu arxamin, kuugu dhaaranayaa in aan dambiyadaydii uga kaf-
aaragudanayo taagtayda oo dhan. Waxaan ruuxdayda qiime uga
dhigayaa kulmintiinna iyo farxadgelintiinna. Ilaahay baan ku dhaartay
e shayna u oggolaan mayo in uu nolosha iyo ka dib toonna idin ka la
geeyo'.

Deetana waxa uu xusuustay Mam iyo xaaladdiisii xabsiga, waxaana
ka burqatay illin oo waxa uu dhugtay hareerihiisa asaga oo leh:

'laakiin se, waxaa imminka la idin ka doonayaa in aad xabsiga u
dheeraysaan si aad Mam u aragtaan, Siinna ha idin raacdo, oo waxaan
hubaa in uusan nafbax ahayn. Laakiin se waa miyirdabool ama
xanuun qabtay, waana uu ka bogsan doonaa marka aad si debacsan oo
tartiibtartiib ah aad qalbigiisa ugu bishaaraysaan, meeshana aad ka soo
saartaan'.

☙

KULANKII U DAMBEEYAY

Xaaladdii Siin intii hore habeenkaas waa ay ka sii dartay, oo suuxdintii dheerayd ee ku dhacday iyo dhiiggii faraha badnaa ee feeraheeda ka soo butaacayba waxa ay saamayn weyn ku lahaayeen ciribtirka tamartii iyo adkaysigii ku sii harsanaa jirkeeda.

Laakiin se sidaa oo ay tahay waa ay iskhasbaysay markii ay maqashay amiirkii oo oggolaaday in la sii daayo Mam, dadkii hareerihiisa tubnaana amray in ay degdeg u soo saaraan. Waa ay istaagtay, isqurxisay, oo is hagaajisay, deetana waxaa ay fuushay faras oo dadkii ayaa ay sii raacday ayaga oo habeenkaaba ku siijeeda xabsigii Mam. Waxaa ku jirtay walaasheed Siti, ehelada iyo qaraabada qaarkood, iyo in adeegayaashii iyo gashaantimihiisa qasriga ka mid ah, dhammaantoodna waxa ay gacmaha ku siteen shamacyo jidka u ifiya.

Waxaa ay gaareen albaabkii xabsiga ee xirnaa. Waardiyihii gaarka ahaa ayaa degdeg uga a uga furay albaabka. Halkaa ayaa ay Siin ku lugdambeedisay si aanay Mam ugu kedin aragtideedu , halka intii kale ay mid mid albaabka u galeen ayaga aammusan oo naxsan, jeer ay gaareen jarnjaro loo gu daadegto hoyga Mam, waana ay u dhaadhaceen. Shamacyadu waxaa ay hareerahooda ka didinayeen mugdiga, aammus iyo argagax ayaa sayidcalaynayay, oo la ma maqlayn sharqanta gummadahooda ee jaranjaradaa isadaba socota wax aan ahayn. Deetana waxaa ay soo gaareen Mam, ayada oo uu godkuna u ekaa mid dhego le', xasiloon, khushuucsan oo ay cidladu jihooyinkiisa iyo dacalladiisa ku meeraysanayso,

Waxaa ay indhaha la raaceen meesha, mise waa Mam oo biliqsan gogol baabba'day oo ay caddatay in uu ka dhigtay sijaayad salaadeed. Ka ma aanay muuqan raad dareen iyo mid ruuxeed, wax walbana, ilaa lafihiisa waa ay jilceen. Waxaa malaasmay astaamihiisii iyo qaabkii ay ku yaqaanneen. Waxa uu noqday kudlad lafo jilicsan ah oo soo muuqmuuqda oo uu ku dahaaran yahay harag jacdadan.

Way isku meegaareen ayaga oo waardiyihii gaarka ahaa xaalkiisa ka waraysanaya, waxa uuna ku jawaabay in uu sidaan ku arkay tan iyo saaka markii uu u keenay quraacda, ma na uusan garan sabab aan ka ahayn in deriskiisa qaarkood ay u sheegeen in ay ariintaan ka hor ka dareemeen xaalado aan la garanayn, waxaa ayna tilmaameen iftiin weyn oo ka ifayay qooladdiisa oogga waaberi ka hor!

Waxba uma aanay kordhin xeeladaha iyo noocyada toosiyayaasha iyo dawooyinku in ay ka soo bixiyaan hurdadaa dheer ee ay ka la garan waayeen in ay tahay suuxdin ku dhacday ama hurdadii ugu dambaysay iyo geeridii. Markaa ayaa waxaa timid Siin oo xaggiisa u soo siqatay. Way timid si ay u hor istaagto oo ay ugu sheekayso, Laakiin se markii ay indhaha saartay waa ay iscelin wayday, waana ay ku dul dhacday. Waxaa ay biloday in ay si argagax daran ah magaciisa ugu dhawaaqdo, waxaana wajigiisa qooyay illinteedii faraha badnayd. Halkaa ayaa uu dareenkii soo jibaaxay Mam, indhihiisiina ay ka la furmeen. Waxa ay bilaabeen in ay si qabow oo gaabis ah ay goobjogayaasha ugu wareegaan. Waxaa ay caddayn cad u ahayd in waqtigii dhammaaday, jirkii uu duuduumbay, waxa uuna isku dayay in uu fariisto. Deetana waxa uu u jeestay xagga qiblada asaga oo aan cidna la hadlin. Sujuud ayaa uu la dhacay, halka ay dadka oo dhan fiirinayeen ayaga oo aammusan, murugoonaya oo xanuunsanaya! Wax yar ka dib ayaa uu madaxa kor u qaaday, waxa uuna ujeestay xagga Siin asaga oo argagaxsan oo aammusan. Waxaa dadkii joogay soo gashay wax uun rejo ah, waxa uuna bilaabay hadal.

Cod gaaban oo ka la googo'ya ayaa uu Siin ku yiri asaga oo ay labadiisa indhood wajigeeda ku jeedaan:

Waxaad ii ahayd hage wanaagsan

Waxaa ay ugu jawaabtay: wadaygii ugu fiicnaa ayaad ii ahayd.

Waxa uu yiri: waxaad ahayd jidkii ugu wanaagsanaa ee aan Rabbigay u maray.

Waxaa ay ugu jawaabtay: waxaad ruuxdayda u ahayd ifkii ugu fiicnaa.

Waxa uu ku yiri: waxaad tahay nuurkii qalbigayga.

Waxaa ay ugu jawaabtay: waxaad tahay indhahayga qofkoodii.

Waxa uu ku yiri: waxaad tahay boqoradda ruuxdayda.

Waxaa ay ugu jawaabtay: waxaad tahay qibladii naftayda.

Bartaan, ayaa dadkii hadalkoodaan maqlayay waxaa ay ku baraarugeen in Mam uusan miyirqabin, uuna naftiisa ka sii socdo. Waxaa u soo dhawaatay Siin oo hadalkii ka boobtay ayada oo leh:

'Mam, waxaannu kuu gu nimid in aannu kaa badbaadinno waxaan aad ku jirtid e, kuu gu ma aannaan imaan in aad ku sii dhibbanaatid wareerkaaga iyo waallidaada. Amiirkii kuu carooday maanta daraaddaa ayaa ay naxariis u gashay, waxa uu na noo soo diray in aannu ku soo saarno oo aannu xaqiijinno danteenna. Siintii aad ku waalatay ee aad u dedaalaysay waa tan kuu hor taagan sidii aad jeclayd ee aad doonaysay. Himiladii aad in badan sugaysay ee hilowga aad u qabtid ay barbaarnimadii la tagtay waa tan ku soo aadday. Dadka oo dhan daraaddaa ayaa ay maanta u faraxsan yihiin ayaga oo sugaya in aad soo baxdid si ay kuu soo dhaweeyaan oo ay kuu gu hambalyeeyaan.

Istaag. Kac, Mamyoow, yaanu caashaqu kaa xoog badan oo aad markaana ku waalatid. Sabab la'aan yaanay ku legdin mowjadaha hilowgaan oo aad markaana bartankiisa ku maashawdid. Cimrigaaga inta ka harsan ha ku kala firdhin waallidaan. Ruuxdaada maanta raqiis ha ka dhigin ayada oo ay guushaadii kuu soo dhawaatay. Soo cesho garashadaadii aad muddada badan colka la ahayd. Madaxaagana ka jaf waallidaan ku dhegganaanteedu ay ku la dheeraatay.

Kac, aan amiirka si wada jir ah ugu tagnee.. Waxaad maanta arki doontaa asagii oo deeq iyo galladinba leh. Waxa uu daraaddaa u diyaariyay agabkii raynraynta iyo farxadda, waxa uuna kuu ururiyay gacalkii iyo saaxibbadii. Waxa uu maanta qasrigiisa kuugu fidiyay gogoshii farxadda asaga oo imaantinkaaga sugaya si uu Siin kuugu tahniyadeeyo, uuna farxaddiinna iyo arooskiinna habeenno u oogo'.

In yar ayaa uu indhaha ka la furay sidii in wax uun qummanaantiisa ah ay u soo laabtay oo kale, waxa uuna madaxa u jeediyay midig iyo bidixba asaga oo leh:

'maya, amiirna aadi mayo. Anigu istaagi mayo albaabka xukunhaye iyo wasiir kuu doonaba ha ahaadee. Anigu cidna addoon ama qafaal u noqon mayo. Waa kuma amiirkaan aan noloshiisa asagu lahayn ee aan iska daafici karin dhammaanshaha ama aan dammaanad u haysan carshiga waaritaanka?! Aniga, igu ma uu kedinayo isfalfalka beenta ah, khayaaliga dhammaanayana iga uu yaabin mayo.

Waxaannu u ambabaxnay boqorka madaxda iyo addoommada albaabkiisa, waxaana na soo dhawaysay barxadaha suldaanka hogaamiyayaasha iyo amiirrada. Waa suldaanka aanay caddaaladdiisu ka la soocin hodan iyo faqiir, amiir iyo liite. Asagu, waa sayidka qalbiyada jaban iyo u gargaaraha nafaha murugaysan. Asaga ayaa midigta dhimrintiisa isugu kaaya meheriyay, arooskayagana ka oogay barxadda daahirnaantiisa. Hadde, Ilaahay baannu ka magangalnay in aannu maanta u soo hoobanno buulasha dhammaanshaha ama se aannu wajigayaga ujeedinno xagga addoomada iyo amiirrada. Ilaahay ayaannu ka magangalnay in aannu arooskayaga ku qabanno meel aan ahayn barxaddaas na sugaysa, ha na ka yaabin in ay na kulmiso cid aan ahayn boqorka qalbiyadayada iyo abuuraha arwaaxdayada. Haaye, waa kan oo uu daraaddayo u qurxiyay jannada beerihiisa, dhexdeeda uu koox noo ga diyaariyay, waxaa ayna u diyaargaroobayaan la kulankayaga. Waa halkaa ballantayada weyn ee annaga oo naxariistiisa harsanayna aannu ku kulmayno sharaabka macaan ee jacaylkayaga, annaga oo mid ah ayaa uuna halkaa na gu liibaanin doonaan aragtida wajigiisa. Waxa uu na illowsiin doonaa wixii aannu dhadhaminnay ee dhibta adduunka iyo xanuunnadeeda ah, waxa uuna wajigayaga ka masaxi doonaa madowga illinta iyo hinraagga. Jabkayaga waa uu kabi doonaa, baaskayagana waa uu baabbi'n doonaa.

Alla hilowgaygiyoow, hilowgaygiyoow, boqorkaygiyoow, dhanka maalintii loo ballansanaa'.

Halkaa ayaa uu ku aammusay oo uu indhahana isku qabsaday. Sida uu u dheereeyo ee uu buulkiisa uga duulo shimbirka yar ee salfudaydka qaba ee aan ka noogayn isbaraanbarka asaga oo baalashiisa dhinacyada la dhacaya marka ay albaabkiisii xirnaa fantax yar uga muuqato oo kale, ayaa ay ruuxdaasina u degdegtay in ay ka baxdo qafiskeedii weynaa ee ay in badan ku caddibnayd, waxaa ayna u duushay xaggeedii sare, sidii in aanay waxba dhicin oo kale. Qooladdaasi waxaa ay isubeddeshay goob tacsi oo waxaa kor uga soo baxayay oohin iyo baroor. Siin waxaa ay ku dhacday dhulka ayada oo ay awooddeedii oo dhan ay galbatay. Warkii waxa uu durba ku faafay jasiiraddii ayada oo ay faafiyeen waardiyayaashii u roorayay si ay amiirka ugu wargeeyaan. Waxaa ay dhaheen 'daar aanay murugada iyo kurbadu gaarin ma aanay jirin'. Jasiiraddii waxaa ay habeenkaa ku dhafartay il ilmaynaysa oo dhaawacan. Taajuddiin ayaa soo degdegay oo qasrigiigiisii ka soo baxay asaga oo sidii qof waalan u kacsan, turaanturroonaya, degdegaya oo ku siijeeda xabsiga saaxiibkii dhex yaallo.

Intii uu jidka ku soo jiray ayaa waxaa u bidhaamay Bakar oo dad badan la taagan meel qasriga u dhaw. Waxa uu isugu qaaday sidii leebkii, oo kulleetiga ayaa uu ku dhegay. Waa uu ku qayliyay asaga oo ay caradu wajiga ka saaran tahay, indhihiisuna ay dirayaan dhimbilo, oo leh:

'sheydaan yahaw dharka aadanaha isku qarinaya, mas yahaw aanay dhuuntiisu candhuufayn wax aan dabka iyo fidnada burburka ahayn, waxaad istaagtay adiga oo ah albaabka ugu adag ee ku gudban labadaan miskiin ee aan dambiga lahayn. Waxaad noolaatay adiga oo ah kaawiyadda ugu daran ee dhaawacyadooda dhiig baxaya. Waxaad qalbiyadooda seejisay farxaddoodii adduunyada, waxaadna iga qaadday ishayda qofkeedii ay u dummeen araggayga iyo laabtadu. Ey yahaw faylagoyska ah, maxaad maanta arlada korkeeda u sii saarnaanaysa adiga oo wadeygaygii hoosteeda geliyay?!' Deetana labadiisa gacmood ayaa uu inta kor ugu qaaday oo uu madaxiisa korkiisa ka wareejiyay uu dhulka madaxmadax ugu barraajiyay, maskaxdiisiina ay ku malaasantay. Dhimashadiisii ayaa ay noqotay, halkaa asaga oo yaalla ayaana uu ka tegay. Jidkiisii ayaa uu sii qaaday jeer uu xabsigii gaaray asaga oo lalaya oo kacsannna uu saxmaddii iyo dadkii isu soo ururay jibaaxay, cidnana uusan wajigeeda fiirinayn ilaa uu gaaray meydkii saaxiibkii oo meeshiisii sidii u bilqan. Waxa uu saaray go', waxa uuna isugu tuuray sidii ilma yar oo dhabta hooyadii isku halgaaday. Hooyadi oo aan lahayn dareen iyo nolol. Intitii ay indhihiisu kari kareenba waa uu ooyayay, waana uu fiqfiqleeyay intii ay dhuuntiisu kari kartay. Waa uu soo noqday asaga oo uu korodhay kacdoonkii seedihiisu, indhihiisuna waxaa ay la ifeen guduud argagax leh. Waxa uu wax walba oo ku meegaaran ku ganayay eegmo kacsan asaga oo qofkii uu arkaba la moodsiinayo in uu sabab uun ku leeyahay halaagga Mam iyo geeridiisa. Waxa uu ku jeestay waardi-yayaashii hareerihiisa taagnaa asaga oo ku qaylinaya, oo dhex taagan labada albaab ee qooladda, indhihiisana ay dambaaburo ka duulayso:

'doqmmo yahaw, ma disheen? Waad disheen.. soo sidaa maaha. Laakiin. Laakiin se, waan u aargudi doonaa. Waan idin ka aargoosan doonaa gun yahay. Maanta xabsiga waan dumin doonaa. Tiirarkaan u siibi doonaa. Waxaan qabri uga dhigayaa amiirkaas. Ku aaway amiir yahawo? Maya e, ku aaway fulayahaw i siray ee wadaygaygii dilay? Kaalay aan kaa aargoostee. Maya, aniga ayaa qasrigaaga kuu gu iman doona oo dhulka ku bilqin doona!'

Hadalladaan kulul ee tarsaaska ah durba waxaa ay u ekaysiiyay qof waalan. Waxaa ay gacamihiisii ku dhaqaaqeen in uu isku dayo burburinta wax walba oo hortiisa ka muuqda ee uu ismoodsiinayo in ay dileen saaxiibkii Mam, haddii aanay amiirka arrintaasi gaarteen oo uusan amreen in la xiro oo meel uun la gu hayo ilaa berri. Sidaa ayaa uu habeenkii aragagax daran iyo murugo xanuun badan uu ugu dhammaaday dadkii jasiiradda, halka uu Taajuddiin ku dhafray xabsiga asaga oo dhinac jooga saaxiibkiisii galbaday, murugada iyo oohintuna ay laabtiisa googoynayaan.

Siin miyaa, waxaa gurigeedii u kaxaysay Siti ayada ay awooddeedii dhacday, dulqaadkeediina dhammaaday. Waxaa ay la dhafartay koox ehelka ka mid ah oo ku hareeraysan oo sabirsiinaya, qalbigeedana ilaa waaberiga u dhimrinaya.

ॐ

DHAMMAAD

*M*aalintii xigtay waxaa ay qorraxdu jasiiradda Buudaan u soo baxday ayada oo uu hareeyay mugdi murug iyo kurbo ah. Waxaa dhinacyadeeda iyo suuqyadeeda jibaaxay aammus iyo Basaasni, oo waxaa la moodayay in ilaysyadeedii isdhimeen sidii oo aanay dib dambe u karayn in ay dhinacyadeeda u dirto dhalaalka iyo ifka dhammayska ah. Xataa qasrigaas iftiimiyay ee uu dhalaalkiisu qorraxda gacanqaadi jiray marka ugu horreeya ee ay soo baxdo, waxaa ay maalintaa soo baxday asaga oo basaasan, oo dureerinaya illin fara badan oo uu isleeyahay waa intaa oo ay damiso dabkii shallaytada iyo qoomamada, laakiin se waxba ma aanay tarayn.

Wax yar ka bacdi waxaa dhabbihii u dhexeeyay xabaalaha iyo gurigii Mam buux dhaafiyay badi dadkii jasiiradda ee lahaa rag, dumar, iyo carruur si ay u sagootiyaan maxbuuskoodii hoogay, aaskiisana ay uga qaybgalaan.

Waxa ay ahayd kolonyo ballaarnaanta iyo weynaantaa halkii ugu dambaysay ka joogtay oo la mid ahayd kolonayadii weynayd ee suuqa jasiiradda ka bilaabtay maalintii arooska Taajuddiin. Laakiin se maanta waa kolonyo basaasan oo madow oo aadan dhoollabirayn iyo il faraxsan ka soo dhex helayn. Waa uun illin iyo oohin aan ka la go' lahayn, cabaad iyo qaylo cirka isaga soo shareeraya dhammaan daafaha suuqyada iyo daaqadaha guryaha.

Kolonyadii waxaa ay soo gaartay xabaalihii, waxaa ayna ku taallay taagsin ka mid ah taagsimaha degmada ku hareeraysan. Waxaa korkeeda ku faafay kooxo dad ah, waxaana dabooshay malluugtooda weyn. Waxaa halkaa ugu kordhay dareenkooda ku aaddan geerida iyo dhammaannshaha, waxaana indhahooda u bidhaamayay xaqiiqada cabsida badan ee qotonta dhagarta waayaha iyo ismoodsi-iskooda ka shishay. Waxaa dareenkoodaa ku milmay murugada laabahooda qabsatay ee ku aaddan dhammaadka uu Mam la kulmay ka dib cadaabkaan iyo qatooyadaan oo dhan. Waxaa taagsimahaa dushoo ka oogantay baroor cabsi leh oo wada gaartay rag iyo dumarba, daadkeeduna uu qaaday yar iyo weynba. Siin ayaa buuradkaas ka soo dhex muuqatay ayada oo uu jooggeedii faaruq garaacay, wejigeeduna uu markii ugu horreeyay muuqdo, waxaa ayna u dhaqaaqday ayada oo lalaysa oo sidii qof waallanna u kacsan dhankii qabriga la gu duugayay Mam ee ay bilaabeen in ay ciidda ku hoobiyaan. Laakiin se ehelkeeda qaarkood ayaa ka hor istaagay degdeggii ay halkaa ugu socotay, waxaa ayna ka baqeen in ay hakaa isku tuurto ama ay wax uun ku dhacaan. Waxaa ay soo gaartay ayada oo ay ciiddii qarisay, qabriga korkiisiina la sisimay. Markaa ayaa waxaa dhacday awooddeedii, waxaa ayna isku tuurtay xabaashiisii ayada oo illinteeda ku qubaysa ciidiisii, cidda ku jirtana la hadlaysa:

'milkiilihii jirkayga iyo ruuxdaydoow, kaagan sadcaalayoow, kaagan ka tegay beertiisii ee dhaqaajiyayoow, waa tan beertaadii oo bislaatay oo miradhalisay, hartay ayada oo aan ilaaliye iyo milkiile haysan. Bal ii sheeg cidda adiga dabadaa noolaynaysa ee ku dhex wareegaysa? Maxay ka dhigan yihiin waaritaanka mirihiisa iyo dhalaalkiisu marba haddii aad ka tagtay ee aad gacmahaagana ka jafatay? Ma dhab baa in muuqiisu ashqaraar yahay, harkiisu weyn yahay, qurxoon yahay, mirihiisa loo bago oo ay bislaadeen, laakin se Ilaahay baan ku dhaartaye ayadu maanta waa ka xaaraan cid aan adiga ahayn.

U dayn mayo cid aan dabaysha halaagga ahayn in ay ku dhex wareegto, faraha na uga qaadi mayo cid aan ahayn gacanta baabba' iyo kidfiddu in ay miraheeda bidiyaan. Waan hurgufayaa jirridda timirtaan, oo wixii la ga goosan lahaa dhulka ha ku daataan. Waxaan ka la firdhinayaa miraha laamahaan iyo canabyadaan oo dabaysha ha la bidaan. Waxaan salka ka rujinayaa geedahaan dhalaalaya, waxaana googoynayaa caleemaha ubaxaan udgoon. Labadaan indhood ee aad u bogtay sixirkooda iyo quruxdooda, maanta waan ka daminayaa sixirka iyo quruxda. Jooggaan ay ku sakhraamisay quruxdiisa iyo sinnaantiisu, maanta waan ka burburinayaa quruxdaan iyo sinnaantaan. Waan daadinayaa khamradii karkari jirtay ee wax sakhraamin jirtay. Dhabannadaan, dibnahaan, dhafoorradaan, timahaan, dhammaantoodba waan ka baabbi'in doonaa indhada-raandarkii ku bililiqaystay. Waxaan dhammaantood ku firdhinayaa ciidda iyo habaaska. Waxaan ku galgaliimaynayaa rafaadka iyo madowga! Dhammaantoodba waxaa ay nadar u galeen indhahaaga, araggaaga ayaa ayna waqaf u ahaayeen. Mar haddii se aad indhaha laabatay, il kale u oggolaan mayo in ay dhugato oo ay ku raaxaysato. Laakiin... maya, laakiin, tani waa faragashiga wax aanan lahayn oo aanan shuqul ku lahayn. Waxaan ka baqayaa in aad iigu catowdid faragashiga milkiyaddii aad igu ammaanaysatay iyo in aad jeceshahay in aad ammaanadaada u guddoontid sidii aad ku taqaannay ee aad ku milkiday.

Waxaa haddaba ila qumman in aan gogoshaan sideeda ayada oo ah aan duuduubo, ammaanadaanna aan kuugu keeno sidii aad uga tagtay, iyo in aan jirkayga kuu soo dhigo asaga oo ay u dhan tahay quruxdiisii iyo dhalaalkiisii'.

Deetana waxaa ay isku gambisay qabrigii ayada oo hab siinaysa oo ciiddiisa ku galgalanaysa, waxaana ku yaacay duulkii ku hareeraysnaa si ay u soo kiciyaan oo ay murugadeeda u sabaaliyaan. Laakiin se gacmahooda ku ma aanay dhicin wax aan ka ahayn meyd qaboobay oo ay ka qallashay dhibicdii nolosha ugu dambaysay. Halkaa ayaa ay sawaxanbkii baroorta iyo oohintii ay mar kale kor u baxday, argagixii iyo kurbadiina ay ku duushay laabaha dadkii joogay oo dhan. Amiirkii waxa uu isku tuuray jirkeedii asaga oo miyirkii iyo garashadiiba ay ka tageen, qaddartana si arxan leh uga dalbanaya in ay dib u noqoto, laakiin se qaddartu cidna u ma arxanto, ma yeesho, ma na ay laabato. Deetatana waa ay qababaaliyeen oo waxaa ay u sagootiyeen sidii ay u dardaarantay ee ay doontay. Waa ay soo noqdeen, waxayna fureen qabrigii Mam. Waxaa yimid amiirkii oo walaashii sida, ilmayanayana. Waxa uu u degay qabrigii, dhiniciisa ayaa uuna dhigay, asaga oo leh:

'qaado gacaliyahaagii aan intuu noolaa kaa horjoogsaday, iga na cafi sida aan adduunyada kuu gu darnaaday iyo dambiga weyn ee aan qalbigaaga ka galay. Dhabtiina waxaa ay qaddartu igu ciqaabtay wax ka badan intii aan doonayay. Waxaa ay ii ciqaabtay gubitaanka qoomamada ee ugu xeeldheer ee aan damayn inta aan noolahay'.

Sidaa ayaa ay waayuhu u xukumeen in aanay labadaa gacaliye ku kulmin meel aan ka ahayn mugdiyada godkaas iyo in ay ugu dambayn labadaa meere ay ku qarsoomaan hal burji.

Bakar se, waxaa yaab lahayd in asna la gu aasy meel labadooda u dhaw, maya e, labadooda gummadood meel si toos ah ugu beegan. Waxaa ay dhaheen: sababta arrintaas iyo in uu la sii socdo xitaa dhimashadooda ka dib waxaa ay ahayd in markii ay Siin maqashay in uu Taajuddiin dilay ay aad uga murugootay, si ba'anna ay uga daqnatay. Waxaa ay tiri: wax ciqaab ah ma uusan mudnayn, laakiin se qaddarta ayaa labadooda u adeejisay si uu jacaylkoodu sidaan dhan ruux ahaan u saafiyoobo iyo in ay nafahoodu ka saramaraan muuqaallada walxaha iyo burjiyadooda.

Deetana waxa ay dardaarantay in la gu aaso meel u dhow ayada oo leh: 'waxa uu noqon doonaa waardiyahayaga daacadda ah ee daarta kale!'.

Labadaan qabri ilaa maanta waa ka caan jasiiradda Buudaan, qofkii doonana waa uu arki karaa.

Waxaa se yaab leh in qabriga Mam iyo Siin ay mar walba ku meegaran yihiin geedo har leh iyo ubaxyo, halka qabriga Bakarna aanay ka dhammaan qodxaha buuxdhaafiya ee ka saramara.

CZ

GUNAANAD
IYO WAANTOW

Eebboow!

Kulka caashiqiinta cadaaban iyo runtooda ebyoon ayaan ku gu tuugayaa.

Macaanka quruxda iyo rayraynteeda, waynida maammuuskeeda iyo haybaddeeda ayaan ku gu tuugayaa.

Cudurka kalatagga iyo cadaabkiisa, xiriirka malabkiisa iyo cabbitaankiisa macaan ayaan ku gu tuugayaa.

Caashiqiinta jacaylkoodu macaanka uu leeyahay iyo kharaarka cadaawadda ay qabaankuwa liddiga ku ah ay leedahay ee ay wax ku dhagraan ayaan ku gu tuugayaa.

Shimbiraha iyo shimbirka bulbulka indhahooda biyaha ka qubta iyo qoyaanka dhadada ku da'da ubaxyada ayaan ku gu tuugayaa.

Jacaylkii iyo jirrabkii uu Mam ka tegay iyo illintii iyo shallaytadii Siin ayaan ku gu tuugayaa.

Intaa oo idil ayaan ku gu tuugayaa. Waxaan ku weydiisanayaa in aad indhahayga ka wareejiso harkaan idlaanaya ee ku horgudban, si aanan oogada adduunka ugu arag awood aan taada ahayn, si aan muraayadda dunida uga dhex arko quruxdaada oo qura, si aan ugu sakhraamo khamrada ee uusan ii hodin koobka ay ku dhex jirto ee ay dhexdiisa ka dhalaalayso.

Eebboow!

Waan qiray awooddaada, waan yaqiinsaday nuurkaaga iyo ifkaaga. Waan qiray in koonku uu yahay qalfoof aad adigu ruux gelisid. Waan hubsaday in kooknkaani yahay xaqiiqo aad adiguna sirtiisii tahay.

Waxaad tahay kan bixiya wanaagga ay leedahay quruxda mucaashiqiintu; muchaashiqiinta ay naftooda iyo qalbigooduba ujeedaan quruxdaada oo keli ah.

Adiga ayaa malabka ku uumay macaanka iyo dhadhankiisa loo bogay, isla adiga ayaana illinta ka dhigay mid kulul oo jirka qandicisa.

Adiga ayaa silsilad nuurkaaga iyo quruxdaada ah isugu xiray mucaashiqiinta.

Weynaantaada ayaad quluubta ku saamaysay oo aad ku holcisay.

Geedka Sarwiga ee joogga dheer adiga ayaa sinnaanta iyo laamo-dheeraanta ku uumay.

Ubaxyada jilicsan ee guduudka ah adiga ayaa ka dhexdhaliya qodxaha dadka dhiigga ka keena.

Shimbiraha iyo Bulbullada, adiga ayaa quluubtooda yar ku jirrabay jacaylka ay u qabaan quruxda iyo dhalaalka ubaxyada.

Midabbaynta ubaxyada iyo cagaarnaanta laamaha, quruxda lagu indhadaraandaro adiga ayaa dhexdooda ku shubay.

Adiga ayaa Deewaadda [Candaliibka] iyo Husaarka u hibeeyay codka jaanta wacan iyo ruxmashada farxadeedba isku darsaday.

Indhakuusha baalasha lulmoonaya, madowga indhaha ee ku dhex jira caddaankooda indhadaraandarka ah, wax uun macanaha quruxda ah ka ma aanay muuqdeen; haddii aysan ifiyeen in uun ileyska quruxdaada ah.

Bishimaha guduudan ee jilicsan, ilkaha cadcad ee dhalaalaya ee dhoollabiraynaya, timaha soo raaracsan ee hareeraha wajiga iyo garbaha korkooda ka sii daysan; Intaa oo dhan waa ay ka awood yar yihiin in ay muujiyaan sixirkaan laabaha dhufanaya haddii aadan ku xoojiseen bad xaqiiqada quruxdaada ah,

Eebboow, waxà astaamaha weynidaada, saldanaddaadan iyo muuqaallada wanaaggaaga iyo quruxdaadaba ay ka muuqdeen bogagga koonkaan dhammaanaya. Waxayna maageerrada iyo qaababkuba [koonka] ka mashquuliyeen milicsaga sirta halista ah ayaga oo aan ku baraarugin xaqiiqada qorraxda ka soo if baxaysa, waxa uuna nooladay asaga oo ku mamman Babbaqaaga [Parrot] iyo sheekadiisa darandoorriga ah asaga oo aan qooraansan isha sarraysa ee [Babbaqaaga] dibnihiisa hadalkaan ku abuuraysa.

Waxaa ka mid ah mid indhiisa furay si uu riyada beenta ah ugu beddesho xaqiiqada dhakafaarka ee hortiisa taagan. Waxa uu ka mashquulay hugunka si uu ugu raaxaysto codka hareerihiisa jibaaxaya, waxa uu na ka sii jeestay muraayadda si uu u arko xaqiiqada qorraxda hortiisa ka ifaysa, deetana waxa uu sujuud u la dhacay Ilaaha quruxdaan koonka siiyay, khamradana shaamshaamidda ku abuuray, catarkana udugga u halabuuray.

Cabbitaanloow!

Waxaan doonayaa in aan gaaro albaabka hore ee quruxdaas. Waxaan doonayaa koob sharaabkaas dahiran ah. Kaalay oo mugdigaan iga dhexsaar oo halkaa i gee.

Liibaane, kaalay oo ii warran. Ii warran, madowgii sakhraddaas weli waa uu igu daahran yahaye, waxa uuna dhabtii ku sigtay in uu i ceejiyo.

Ii warran. Maxaa koonkaan kaaga muuqda? Ii sheeg, ma khayaali dureeraya baa mise waa riyo aynu ku dhex guuraynayno? Haddana ii sheeg illamaa iyo inta ay indhahaygu u xirnaanayaan khamradaada? Sidee ayaa se uu caqligaygu isa ga hurgufi doonaa dahaarka ku wareeritaanka koobabkaagaan? Wallaahi waan noogay oo waan gubtay. Maxaa se iiga baahi badan in aan ka nafiso riyadaan xargaheeda igu xirxiratay si aan indhahayga ugu arko xaqiiqada hilowga aan u qabo aragtideeda iyo gaariddeedu uu dheeraaday.

Cabbitaanloow, waxaan dareemayaa in khayaaligaan iyo ismoodsiiskaan ay ka dambeeyaan siro badan oo aan garan la'ahay tubtii aan ku gaari lahaa. Marba marka ay ka dambayso waxaa hortayda ka bilig leh hillaac if dheer oo ceeryaamadaan gadaasheeda ka soo wirqaya, balse ma aan awoodo in aan inta ayaga ka dhex duso aan gaaro. Ayada oo hugunka dunida iyo sawaxankeedu uu sidaa u baxayo ayaa waxaa dhegahayga ku soo dhacaya cod cirka ka imaanaya oo wax ka xeeldheer oo ka sarreeyaa aanay jirin.

Allahyoow, daahyadaan igu hor gudban googoo si aan kuu arko.

Allahayoow, aragga laabtayda ka tirtir xumbada khamrada adduunka iyo sakhraddeeda si aan u haleelo garashada weynidaada dunida hagta ee koonkana ku afuufta jiritaanka iyo nolosha.

Allahayoow, muuqaallada iiga gudban quruxda waaraysa iga hor wareeji si aan u arko quruxdaada ifisa dunida iyo waxa ku dhex noolba.

Allahayoow qalbigayga marka ay ruxmashadiisu qarsoomayso ee uu garaaciiso xasilayo ha seejin qayb ballaaran oo ah caashaqa iyo ku faradaygidda quruxdaan waaraysa iyo sirtaan weyn.

08

CUTUBKII MACSALAAMAYNTA QALIN LA KOOD

Fardafuulyahaw ku lunsan banka bahgooyada ah ee waraaqaha. Kaagaan foorara si uu u tirtiro ifkooda, kuna mamman madoobaynta caddaankooda. Waxaa ku gu filan gefafka aad soo diiwaan gelisay iyo inta bog ee aad soo madoobaysay. Imminka waa xilligii ay sharqantaadu joogsan lahayd. Waa xilligii aad istoosin lahayd ee aad dhulka u soo daadegi lahayd.

Fardafuul yahaw boorka iyo habaaska badan, waad badisay madoobaynta iyo foolxumaynta waraaqahaan ifaya. Waxaad ku talaxtagtay hallaynta wajigooda aad ku bi'say daliigimaha, xariijimaha iyo dhigaalka "B"-da & "D"-da . Si kasta oo ay dhigaalka xarfuhu u dhumuc yar yihiin, fartuna farshaxan iyo qurux u leedahay waxaa foolxumo ugu filnaata in rastooyinkeeedu ay bataan oo madowgoodu uu qariyo dubkii waraaqaha. Miyaadan arag sida ay jawhartu u qurux badan tahay oo ay indhaha u jiidato kolka ay waxoogaa yar ah tahay oo hareeraheedana ay u ifiso iyo sida ay u foolxun tahay kolka ay badato ballac iyo dherer ahaanba oo ay korna u yuubanto?!

Erayada iyo macnahoodu si kasta oo ay u martaba sarreeyaan oo ay u la simmaan jooharta, in la badiyo waxaa ay ay gaarsiisaa in ay u siibato bullaacadaha hadaltirada ee aan qiimaha lahayn. Miyaadan

171

arag joohartuba waxaa ay la qaaliyowdo waa helitaan la'aanteeda, waxaa ayna la ifto oo ay indhaha ugu wiriqdana waa sida aan dhib yari loogu helin?

Ayada oo ay sidaa tahay ayaad gaf iyo wax-isku cufan aad halkaan ku afuuftay. Badanaa inta aad ula tallowday jaadad maahsanaan iyo macsiyo ah oo aad ku xarartay kaadsiiyo la'aan oo aad ku diiwaangelisay daymo la'aan. Bal ii sheeg! Waa kuma qofka kuu hagaajin doona oo kuu ammaani doona, kaba daran e, waa kuma qofka arka oo u dulqaadan karaya?

Qod-yahaw jilicsan ee uurka maran:

Waa anigii ku qoray oo afka kuu yeelay e, maxaad i tartay oo aan ka ahayn in aad diiwaangelisay gefaf uu carrabkaani kaa soo saaray?

Maxaad iiga tagtay oo aan ka ahayn raad aad dul dhigtay waraaqahaan oo ka dhashay raynraynta caasinnimada iyo wax aan ka ahayn xardhitaan ka soo burqaday xusuusihii baashaalka iyo dambiga?

Ku gu filan.. waxaa iilasho kuugu filan diiwaangelinta waxa ay naftaadu jeclaato ee ay kuu yeeriso; ku gu filan ku qamaamiddaada lahwiga iyo cayaartu. Waxaa la joogaa amminkii aad waxaas oo dhan ka hari lahayd oo aad toobad keeni lahayd oo weliba aad ka shallaayi lahayd; waxaa la joogaa xilligii uu jidka xaqu kuu muuqan lahaa oo aad ugu dul socon lahayd adiga oo ooyaya oo Alle dambidhaaf weydiisanaya. Waa lagu dabajoogaa oo jugtii musiibadu waa ay ku daba socotaa, lagana yaabee in ay kol dhaw ku gu soo kediso-xilli aanu baaraaruggu wax ku tari doonin oo digtooniduna aanay waxba kuugu oollin.

Balse markii uu qalinku intaas maqlay ayaa uu kacay oo kor u booday, si dhaqso ahna waxa uu u fuulay faraskiisii faraha ahaa, waxaa uu igu la soo jeestay carrab aad mooddid seef, wuuna ila dooday oo waxa uu igu yiri:

Axmedoow! Qofkaa xun ee aad ka sheekaynaysid haddii uusan adiga ahaadeen inta aad dambiga ka rogto anigaas hufan ee tabarta yar dusha igama aadan saarteen, waxaadna ogaan lahayd in aanan qorin wax aadan adigu ku hadlin oo aanan xarriijimayn wax aadan adigu sawiran. Hadalku waa hadalkaagii-xaq iyo baadil kuu doono ha ahaadee, falkuna waa waa falkaagii-gaf iyo toosni kuu doono ha noqdee.

Kaagaan maamulanayay waxa uu aniga igu tuhmayoow: waad og tahay in aan ahaa wax aan jirin oo ciidda ku dhex jiray, waa dambe ayaa ay qaddartu isoo bixisay oo aniga oo 'qasab' ah igu dhex uuntay caalmka beeraha. Laamahayga maran ayaa ay dabayluhuna midig iyo bidix u luxaan. Ma lihi sharqan aan eray ku diiwaangeliyo iyo foori aan cod ku soo saaro toonna. Aniga oo sidaas ah ayaad ii timid oo aad iga soo fogaysay dalkaygii iyo ehelkaygiiba. Waxaad iga soo goosatay saaxiibbaday dhexdooda, qeyb iga mid ah waxaad ka dhigatay wax aad ku diiwaangelisid gafkaaga, halka qeybta kale na aad ka dhigatay aalad aad ku muujiso farxaddaada iyo tiiraanyadaada. Waxaad iga soo rartay beertaydii iyo dhulkaygii, waxaadna i keentay beertii caashaqa iyo kalatagga, dhinacyada jirkaygana qaar baad ku daloolisay dabkii caashaqa iyo xanuunkiisa. Deetana duleelladii ayaad ku afuuftay neeftaadii kululayd ee bogga iyo dhinacaba iga gubtay. Waxaa qalbigayga gubtay dhexdiisa ku dhallaanrogmanayay taah xanuun badan iyo xusuuso huraya. Oohintayda oo dhan waxaa sal u ahaa cadaabka iyo gubashada aad la huraysay, taahayga oo dhammina waxa uu ka turjumayay neeftaada iyo afuufkaaga.

Waxaan ahay manoole tabar daran, aan af iyo carrabna lahayn; waxaan ahay qasab qallalan oo aan hadal iyo aftahannimo toonna awoodin. Balse, adiga ayaa iga dhigtay far lix ku noqota farahaaga. Adiga ayaa igu quruxsaday golayaashaadii farxadda iyo heesaha, adiga ayaa igu madoobeeyay xaanshiyahaagii baashaalka iyo macsiyada. Haddii aanan run sheegin, bal adba ii sheeg cid maqashay turumbo foorinaysa oo uusan qof afuufayn iyo qalin wax dhigaya oo uusan qof wax ku qorayn?

Eebboow!

Waad og tahay in Khaanigaan[6] tabarta daran uu ku jiro xayndaabkaaga sida qalinkaanina ugu jiro dabarka cudurdaarashada. Qalbigiisu awooddaada ayaa uu ku hoos jiraa, xubnihiisa adiga

---

6 Axmed Khaani ayaa isugu yeeraya abtiribtiisaan

ayaa milkiyay, adiga ayaa ah amraha awoodda badan, asagu na waa amar u jooge tabarta yar. Adiga ayaa ah milkiilaha hodanka ah, asaguna waa kan la leeyahay ee baahan. Eebboow haddii aad arrimaha qaar u siisay tabar uu ku maammusho oo uu wax ku xusho, maanta adiga ayaa uu arrinkiisa kuu bandhigtay oo waa uu iska qaawiyay doorashadiisii iyo maamulkiisiiba, adiga ayaa uu hoggaanka kuu dhiibtay. Wax kasta oo aad siisay-cilmi, qalin iyo shaqaba, Adiga ayuu kuu daayay oo maamulkaaga iyo doonistaada ayaa uu faraha uga qaaday. Adiga iyo xaqaaga ayaa uu ku dhaartay e, ma uu kala garanayo dhib iyo dheef, mana uu laha awood uu ku fali karo khayr ama uu kaga dheeraan karo shar.

Si kasta oo uu baalal tiro badan ugu wasakheeyay khad foolxun, oo dambi ah, cid aan adiga ahayn dan iyo doonis kama uu laha, cid kale oo tab iyo tabar siin kartana ma ay jirto.

Wax kasta oo aan Eebboow ku dhigay sadarrada noloshayda bilow ilaa dhammaadba, waa uun natiijo ka dhalatay dhigaalkaaga iyo qaddarkaaga; waa meegaar dheer oo koobay soddon sano[7] oo cimrigayga tegay ka mid ah oo xilligii ay ruuxdaydu ka soo soocantay caalamka qaybku waxaa ay ahayd 1061-dii hijriyada.

Maanta waxaan foodda ku hayaa gugaygii 44-aad, oogadaydana waxaa ka muuqata tuur xumaan iyo dambiyo ah, hal dirham oo wanaag ah oo aan samaystayna uga ma dhex jeedo.

Eebboow! Sida aad buuggaan dhammaadkiisaba ii waafajisay in aan u soo jeesto weynidaada, hufiddaada iyo mahadnaqaaga, waxaan kaa tuugayaa in aad si la mid ah ii waafajisid hanuunkaaga iyo rumaynta dhimrintaada iyo murtidaada kolka ay noloshaydaani dhammaanayso.

☙

---

7 Waa da'dii Axmed Khaani markii uu curiyay sheekadaan oo la gu sii daryo toban iyo afar sano oo ah ayaamihii cayaalnimada oo uu ka saaray diiwaanka hawlihiisa, markii la gu darana waxaa ay noqonaysaa sida uu dib ka sheegayba afartan iyo afar sano.

www.ingramcontent.com/pod-product-compliance
Lightning Source LLC
Chambersburg PA
CBHW030251130626
46549CB00002B/489